Food Styling

푸드 스타일링

장지연 · 이수진 · 이승우

푸드 스타일링

머리말

인류의 삶은 주어진 환경에 적응하거나 환경을 극복하고자 하는 부단한 노력의 연속이다. 전 세계적으로 코로나 바이러스의 환경에서 사람 간의 접촉은 감소하게 되었고, 기존의 대면 서비스를 기반으로 하였던 산업들이 고비를 겪고 있다. 이러한 위기 환경에서 음식산업은 새로운 접근 방법을 모색하고 있다.

기존의 대면을 기반으로 하는 외식산업에서 비대면 영역이 성장하게 되었고, 혼밥, 혼술 등을 추구하는 소비자의 시선을 사로잡기 위한 경쟁은 시작에 불과하다. 그러므로 푸드 스타일링을 특정 영역에 한정하여 접근하는 것을 지양해야 한다. 품질과 신선함은 기본이며, 수많은 정보의 흐름에 노출되어 있는 현명한 소비자를 유인하고, 설득하며, 최종적인 구매로 이끌어 내는 최전선에 푸드 스타일링이 존재하기 때문이다.

푸드 스타일링은 다양한 시각을 총체적으로 담아내려는 노력이 결합된 결과물이라고 할 수 있다. 푸드 스타일리스트의 배경이 각기 다양한 이유도 음식을 어떻게 바라보고 접근하여 보여지도록 할 것인지를 고민하는 시작점이 다르기 때문일 것이다. 무엇보다도 “사람들은 눈으로 먹는다!”라는 표현이 푸드 스타일링의 중요성을 입증한다.

이 책에서는 푸드 스타일링의 역사, 디자인, 조리, 사진 등을 익히는 데 있어서 기초적인 영역에서부터 현장에서 이루어지고 있는 실제 사례들을 제시하여, 푸드 스타일링 분야에 관심을 갖고자 하는 예비 푸드 스타일리스트들에게 효과적인 학습의 기회를 제공할 수 있도록 하였다.

이 책이 아이디어에만 머무르지 않고 한 권의 책으로 출간될 수 있도록 많은 지원을 아끼지 않은 창지사 관계자 분들과 이 책을 만드는 데 함께 많은 시간과 노력을 기울여 준 공동 저자분들에게도 감사의 인사를 드린다.

저자 일동

CONTENTS

CONTENTS

CHAPTER

1

푸드 스타일링의 역사

CHAPTER I

푸드 스타일링의 역사

푸드 스타일링은 중세시대(1700년대 중후반) 프랑스 왕족의 연회에서 시초가 되었다는 설이 많다. 로마는 동양과 서양의 무역을 관장하면서 막대한 부를 획득하였고, 부를 기반으로 한 신흥 귀족이 생겨날 만큼 미지의 세계에 대한 새로운 호기심이 가득하였을 시기였다. 로마의 무역상은 프랑스 왕족에게 동양의 신비로운 식재료를 공급하게 되면서, 프랑스 황실은 점차적으로 희귀성을 지닌 식재료에 관심을 가지게 되었다. 특히, 설탕을 인도에서 수입하게 되면서 설탕을 주재료로 한 후식 문화에 대한 열정이 넘쳐났다. 설탕공예(Sugar Craft)는 프랑스 왕 루이 16세 시대에 가장 번창하였다는 설이 유력한데, 루이 16세의 왕비였던 마리 앙투아네트 조제프 잔느 도트리슈-로렌(Marie Antoinette Josephe Jeanne d'Autriche-Lorraine; 줄여서 마리 앙투아네트)은 오스트리아 출신으로 프랑스 왕 루이 16세와 결혼한 후 막강한 황실의 재정을 연회에 과다하게 사용한 것으로 유명하였다.

이러한 황실의 웅장한 연회를 주최하기 위하여 음식은 더욱 높이감을 중시하면서 예술성을 강조하기에 이르렀다. 심지어 예술성이 부족한 음식을 만든 쉐프에 대하여 형벌을 내릴 만큼 음식의 조화로움에 유독 관심을 많이 가졌다.

푸드 스타일링이라는 용어의 어원은 정확히 확인되지 않으나, 1900년대 초반 미국의 제너럴 모터스(GM) 자동차의 겉모양을 매력적으로 보이게 하기 위한 마케팅 작업에서 스타일링이라는 용어가 처음 사용되었다고 한다(강병길 · 한정원, 2004).

푸드 스타일리스트라는 용어는 1968년 네덜란드 문헌 중 다양한 기술자들의 협업을 강조하는 문단에서 최초 사용한 것으로 추정하고 있다(HA Leniger, 1968). 또한, 푸드 코디네이터라는 용어는 Kurland & Gilbert(1985)의 연구에서 주방과 홀 근무자를 연결시켜 주는 역할을 직무로 처음 사용한 것으로 파악되며, 푸드 스타일링이라는 용어는 Blackwell(1985)의 연구에서 처음 언급한 것으로 파악된다.

국내의 경우에는 초기에 푸드 코디네이터(Food Coordinator, 박영숙, 2002), 파티 플래닝(Party Planning, 정유경 · 김선희, 2004) 또는 현재의 푸드 스타일링(김기영 · 김경미, 2003)이라는 용어를 사용한 것이 2002년에서 2004년 사이에 이루어진 것임을 문헌을 통해서 고찰하였다.

현대사회에서 푸드 스타일링은 라이프 스타일의 변화에서도 감지할 수 있다. 먹고 마시는 일차적인 욕구가 경제력의 상승과 맞물리면서 맛과 멋을 찾고자 하는 욕구가 생겨나게 되었고, 음식에 대한 관심의 정도가 상승하면서 음식 자체뿐만 아니라 어우러진 조화로움을 중시하는 문화가 형성되고 있다. 시각적인 요소를 중시하는 현대사회에서 미적 감각과 색채 감각을 더하게 되면 음식 자체의 이미지를 한층 업그레이드시켜 주며 고객의 즐거움과 식욕을 자극하게 된다.

급격하게 변화하는 음식 문화의 시장에 고객과의 커뮤니케이션의 역할로서 푸드 스타일리스트의 수요는 가파르게 증가하고 있다. 이러한 수요의 증가는 푸드 스타일리스트의 배경에도 관심을 모은다. 어떠한 배경을 가지고 있어야 적절한지에 대한 의구심은 푸드 스타일링이 추구하는 형태에 따라서 다양하게 연결될 수 있다. 예를 들어, 플로리스트(Florists)의 관점에서는 테이블 장식의 메인이 되는 부분에 꽃 장식이 반드시 필요하다고 강조하는 경향이 강하며, 포토그래퍼(Photographers)는 구성에 초점을 두는 경향이 강하고, 쉐프(Chefs)의 견지에서는 음식의 조리에 더 많은 주의를 기울이는 경향이 있다. 예술을 배경으로 스타일에 접근하는 것 또한 색의 조합을 중요시하는 푸드 스타일링에 도움이 되는 것이 분명하다.

푸드 스타일링은 그만큼 다양한 시각에서 작업이 이루어지고 있으며, 음식의 영역에서 공통점이 되는 시각성을 강조하고 있다.

CHAPTER

2

푸드 스타일링 & 색

CHAPTER 2

푸드 스타일링 & 색

흔히 음식은 먹는 것뿐만이 아니라 보는 것으로도 만족감을 느낄 수 있기 때문에, 영상이나 사진 속 음식은 보는 사람에게 만족감을 제공할 수 있으며, 먹고 싶은 욕구를 불러일으키는 것도 사실이다.

푸드 스타일링이란 미학(美學, Aesthetics)적 디자인 개념을 적용해서 재료나 요리의 특성을 살릴 뿐만 아니라 그것이 이미지화되었을 때 먹음직스럽고 또 아름답게 보이도록 연출하는 작업을 말한다.

같은 음식이더라도 어느 접시에 담겼는지, 또 접시의 색상은 어떤지, 색상 배합을 어떻게 하였는지에 따라서 소비자들한테 전달되는 느낌이 다를 수 있다.

시각적인 요소의 중요성이 강조되는 영역인 만큼 색과 관련한 기초적인 설명을 하고 색과 관련한 사진의 사례를 살펴보려 한다.

1. 색채

푸드 스타일링을 이해하는 데 있어서 색채를 우선적으로 다루어 보고자 한다. 색채는 심리적인 만족감을 줄 뿐만 아니라 음식의 첫 인상을 결정짓고 자극을 줌으로써 식욕을 느끼도록 하는 데 중요한 역할을 한다.

사진에 패스트푸드의 대표 메뉴인 햄버거 빵을 연출한 사례다.

낯설게 느껴진다면, 빵 색깔이 우리가 익숙하게 봐왔던 황금빛 색깔이 아니라 익숙함에서 벗어난 빨간색, 보라색, 검정색이기 때문에 시식하고 싶지 않다고 느낄 수도 있을 것이다.

반면 이 햄버거는 어떨까? 많은 방송이나 인터넷 매체를 통해서 접했던 모습이라서 덜 낯설게 느낄 수 있으며, 이러한 익숙함 또는 생소함은 인간이 가진 이전의 경험으로부터 습득된 것이다. 시각적 노출이 이루어질 때 그 색채에 대하여 인간은 심리적인 반응을 하게 되는데, 이것이 바로 색채의 역할 또는 색채의 효과라고 할 수 있다.

색의 개념: 색과 색채는 다른 개념인데, 색(色, Light)은 "빛이 물체에 비쳐서 반사, 분해, 투과, 굴절, 흡수가 되어 망막과 시신경을 자극할 때 그 파장의 빛을 감각적으로 인식하는 물리적인 현상"(강은숙 · 안세희, 2017)이다.

색채(色彩, Color)는 빛을 통해서 우리 눈으로 들어온 색에 대하여 그 개인의 사전적 경험과 문화적 관습에 따라서 판단하는 것을 색채라고 한다. 요약하면, 색에 대한 느낌을 지칭한다.

앞서 제시한 사진 속 햄버거 빵이 독자에게 낯설고 익숙하지 않은 이유는 우리가 일반적으로 경험한 햄버거의 색과 다르기 때문이다. 색채는 심리적인 상태와 밀접하게 연결되어 있으며, 그 심리적 연계는 개인이 오랜 기간 동안 학습을 통하여 습득한 결과물이다.

푸드 스타일링에서 중요한 것은 바로 색채다. 음식과 연관 지을 수 있는 색채를 잘 알아야 전달하고자 하는 느낌을 살려 스타일링을 할 수 있게 되고, 이때 특정 색을 강조할 수도 있으며, 다양한 색상들을 조합해서 표현할 수도 있다.

색채는 시각을 미각화(Aestheticization)하는 데도 매우 중요하다. 심미적으로 만족감을 주는 음식 사진이나 영상을 보았을 때 그 자체로도 즐겁기는 하지만 나아가 그 음식의 맛을 예상하게 되고 먹고 싶다는 욕구를 일으킬 수 있다. 바로 이렇게 시각에서 미각으로 전이되는 과정을 시각의 미각화 효과라고 하는데, 색채를 잘 활용할 수 있어야 시각적으로 깊은 인상을 남길 수 있고 그 음식과 연관되는 느낌을 자아내 식욕을 이끌어 낼 수 있게 된다.

푸드 스타일링은 사진 및 영상 등의 매체와 밀접한 연관성을 가지고 있기 때문에, 사진이나 영상 매체로 적절하게 표현된 최종 결과물은 푸드 스타일리스트의 개인적 만족에 그치는 것이 아니라 비즈니스의 확장을 고민하는 사업주들에게 어떻게 보이는지가 더 중요하다. 이러한 목적을 달성하기 위해서 푸드 스타일리스트는 색, 색채 등에 대한 기본적인 정보를 습득할 필요가 있다.

2. 색의 분류

색은 기본적으로 무채색 또는 유채색으로 분류되는데, 무채색은 아무런 색상을 갖지 않고 흑과 백으로 표현되는 어둡고 밝은 색을 지칭한다. 대표적으로 흰색, 회색, 그리고 검정색이 있다. 흰색은 물체에 투사되지만 어떠한 색상도 나타나지 않을 때를 지칭하고, 회색은 반사광의 일부가 분해되지 않고 나타나는 것이며, 검정색은 물체에 투사되는 빛이 100% 흡수된 것이다. 엄밀히 말하면, 빛은 보통 물체에 100% 흡수되는 것이 아니며, 약 10%가 반사되기 때문에 완전히 검정색은 아니라고 하겠다.

유채색은 무채색을 제외한 모든 색이라 할 수 있는데, 색상이 있다는 표현은 유채색이라고 이해하면 된다. 선행연구에 의하면(황혜주 외, 2008), 유채색은 750만 종을 상회한다고 하지만 실제 인간의 눈으로 식별 가능한 색상은 300여 종에 불과하며, 그중에서 일상생활에 활용되는 색상은 50여 종뿐이다.

3. 색의 3속성

색의 3속성이란 색상, 채도, 명도를 지칭한다. 이 세 가지의 속성이 모여서 색을 구성하며, 이 세 속성은 개별적으로 독립되어 있는 것이 아니라 서로 밀접한 관계를 가지고 있다.

3.1. 색상

색상은 빛의 파장에서 드러나는 것을 의미한다. 빨강, 노랑, 파랑 등으로 구분되는 색을 지칭하며 그 색이 가지고 있는 고유의 특성을 의미한다. 물체가 반사하는 빛의 정도에 따라서 색상이 달라지는데 무지개를 나타내는 색상들이 빛에 반사되어 우리의 눈에는 일곱가지 색상으로 인식되는 것이다. 아래의 그림을 색상환이라고 한다. 일반적으로 색에 대하여 학습할 때 종종 활용되는 그림으로, 아래의 색상환을 이해하면 도움이 될 것이다.

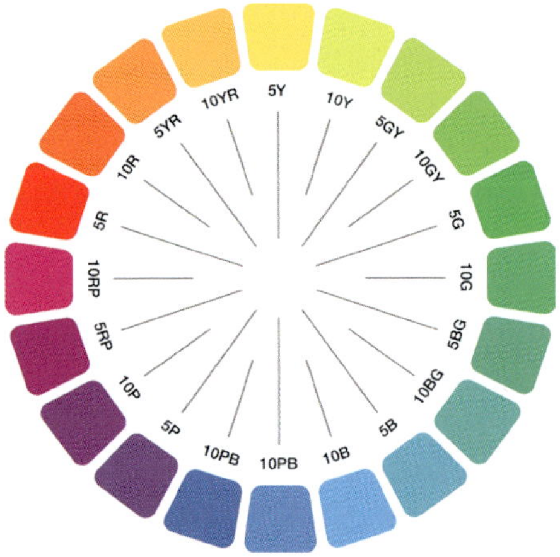

〈그림 1〉 색상환

위 색상환을 통해서 살펴보려는 것은 유사색 및 보색인데, 유사색은 특정 색상과 가까이 있는 색을 지칭하는 반면에 보색은 특정 색상과 반대쪽에 위치한 색이라고 할 수 있다. 가령, 빨간색 주변에 있는 주황색은 빨간색의 유사색이 될 수 있으며, 반대쪽에 위치하고 있는 청록색은 빨간색의 보색이 된다.

나중에 추가적인 설명이 있겠으나, 유사색을 통한 균형감 또는 보색을 활용한 도전적인 이미지 연출을 기획할 수 있다. 색상은 다양한 각도로 활용되고 있는데, 많은 산업 분야에서도 색상이 주는 느낌을 바탕으로 다양한 이미지를 연출하고 있다.

유사색과 보색의 의미를 이해하게 되면 푸드 스타일링을 기획하는 데 있어서 서로 대비되는 효과를 의도하거나, 보완하고 싶은 색상을 고려할 때 도움이 될 수 있기 때문에 색상환을 이해하고 살펴보는 것은 스타일링에 도움이 된다.

3.2. 명도

명도는 색의 밝고 어두운 정도를 지칭한다. 빛을 어느 정도 반사하느냐에 따라서 색의 밝기가 달라지는데, 명도는 하나의 색상에서 높거나 낮다고 표현한다. 예를 들면, 흰색에 가까울수록 명도가 높다고 말하고 검은색에 가까울수록 명도가 낮다고 말한다.

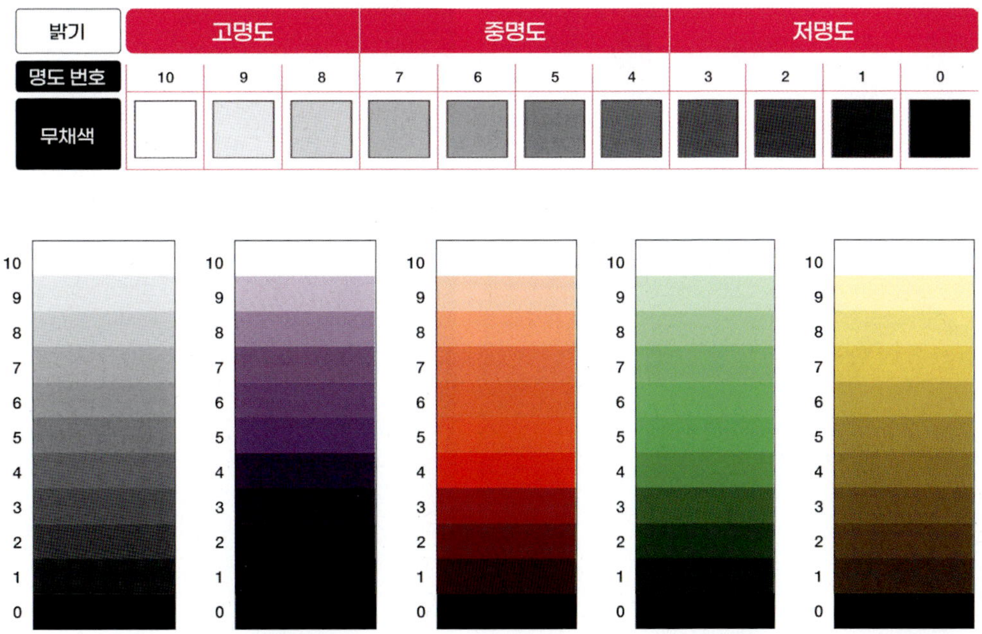

〈그림 2〉 명도

사진 1

사진 2

즉, 물체의 표면이 모든 빛을 반사하면 명도 값이 최대가 되면서 흰색으로 보이게 되는 반면에, 물체의 표면이 모든 빛을 흡수하면 반사되는 빛이 없어서 명도가 낮아지게 된다.

색상환에서도 밝은 색상일수록 명도가 높다고 할 수 있는데, 노란색, 연두색, 주황색들이 높은 명도를 보이고, 어두운 색상이 명도가 낮다고 할 수 있다.

3.3. 채도

채도는 색의 맑고 탁한 정도를 지칭한다. 맑은 색상은 선명한 느낌을 제시하고 탁한 색상은 많은 색상이 혼합되어 있어서 대표적인 색상이 드러나지 않는다고 할 수 있다. 흔히 '색상이 진하다, 옅다, 맑다, 흐리다'는 표현은 채도를 반영한다고 할 수 있다.

요약하면, 색상이 맑다고 할 때는 여러 색상을 섞지 않았을 때 쓰는 경향이 있는 반면에, 색상이 탁하다고 할 때는 여러 색상을 섞음으로써 이도 저도 아닌 불분명한 색깔로 나타나는 경향이 있다.

제시한 사진은 채도를 높고 낮음으로 조절한 사례다. 요즘에는 일상생활에서도 누구나 기본적인 채도, 명도 및 색상을 충분히 연습할 수 있게 되었다. 또한, 최근 핸드폰 카메라에 많은 기능이 탑재되면서 간단한 스타일링 연출을 할 수 있게 되었다.

사진 1 과일의 선명한 색상과 잎의 색상이 확실하게 표현되어 있다. 주위 배경의 색도 서로 보색을 이루면서 과일 색상이 더욱 강조되었음을 볼 수 있는데, 이러한 느낌은 '채도가 높다'고 할 수 있다.

사진 2 전체적으로 차분하고 색상이 서로 비슷하게 어우러지면서 선명함보다는 튀지 않으려는 느낌이 나타나 있는데 '채도가 낮다'고 할 수 있다.

채도가 높거나 낮음이 주는 느낌을 어느 것이 더 매력적이고 덜 매력적이라고 말할 수는 없다. 다만 스타일링의 주제나 쓰임새에 따라 채도를 적당히 조절해서 나타내어야 한다.

4. 색채의 배색

배색은 색의 짜임 또는 혼합이라고 한다. 배색은 한 가지 색으로 표현하기 어려운 환경에서 두 가지 색 이상을 조합하여 만들어 내는 작업이다. 그래서 배색은 색의 조합이라고 할 수 있는데, 한 가지 색에 조합을 가하여 한 가지 색상이 제공하지 못하는 심리적 및 생리적 효과를 만들어 낼 수 있다.

배색을 구성하는 데에도 나름대로의 규칙이 존재한다. 모든 색을 조합할 수 있는 것이 아니라, 환경에 적합하게 적절한 색의 조합이 필요하며, 이를 위해서는 질서와 균형 감각을 유지하려는 노력이 필요하다.

반드시 유사색이나 보색으로 구성해야 한다는 의미는 아니며, 작업의 목적에 부합하도록 푸드 스타일리스트의 주관적인 결정이 연계되는 과정이라고 할 수 있다. 주관적인 결정이란 본능에 기초한 주관성이 아니고, 학습을 통하여 축적된 결정이라고 해석할 수 있다.

색의 조합에는 뚜렷하게 절대적인 배색이 있는 것은 아니기 때문에 작업의 목적에 따라서 기호, 이미지 등을 연계하여 균형을 맞추는 감각이 필요하다. 이러한 감각은 이론적인 학습만으로 성취되는 것이 아니라, 복잡하고 다양한 작업을 할수록 푸드 스타일리스트 본인의 특성을 담아낼 수 있게 된다.

4.1. 배색의 구성요소

배색의 구성 요소를 살펴보면 3가지 이상의 색상들을 조합할 때 색상들을 주조색, 보조색, 강조색의 3가지로 구분한다.

먼저 주조색은 작업을 실행할 때에 조합하려는 부분에서 가장 큰 면적을 차지하는 색이라고 할 수 있으며, 바탕색으로 많이 사용하기 때문에 두드러지는 색보다는 무난한 색을 선택하는 것이 중요하다.

다음으로 보조색은 주조색 다음으로 면적이 크다고 할 수 있다. 주조색이 작업을 기획하는데 있어서 70%를 차지한다고 간주할 수 있으며, 보조색은 약 25%에 해당되고, 작업의 중심 역할을 하는 색상에 보조 역할로서 의미가 있다. 보조색은 작업자의 기획에 따라서 유사색, 대비색, 보색 등의 역할을 할 수 있다.

마지막으로, 강조색이 있는데 색의 조합에서 가장 작은 면적을 차지하며, 비율로는 약 5%에 해당된다. 면적이 작기는 하지만, 강조색의 의미와 같이 작업의 마지막 단계에서 가장 두드러지는 역할로 시선을 집중시키는 효과를 나타낼 수있다. .

사진 3 신선한 샐러드를 표현하고자 하여 의뢰한 스타일링 예시다. 여기에서 주조색은 스타일링의 배경이 되는 하얀 바닥재라고 할 수 있다. 보조색은 초록 색감의 야채이고, 강조색은 빨간색 방울토마토, 비트 래디시를 야채 위에 놓아 주어 완성감을 연출하였다.

스타일링 환경에 따라, 보조색이 주제 또는 강조의 역할을 할 수 있다. 무엇보다 중요한 것은 스타일링의 균형을 맞추는 것이다. 이를 이해하기 위하여, 이론적인 주조색, 보조색 그리고 강조색이 위의 설명과 같이 비율적으로 정확하게 유지되어야 하기보다는 작업환경과 의뢰인과의 소통과정에서 수정과 보완을 반복하면서 완성도를 높이는 것이 중요하다.

4.2. 배색의 종류

배색의 방법은 동일 배색, 유사 배색, 반대 배색이 있다. 그 외에도 그라데이션(Gradation), 세퍼레이션(Separation), 분리에 의한 배색, 톤인톤(Tone in Tone), 톤온톤(Tone on Tone) 배색 등이 있다. 넓은 의미에서는 동일, 유사, 그리고 반대 배색으로 정리할 수 있으며, 나머지 배색 방식들은 앞서 제시한 3가지 배색 방법에서 응용한 용어라고 할 수 있다.

동일 배색

동일 배색은 의미 그대로 동일한 색을 기준으로 채도의 변화를 가하여 풍부한 이미지를 표현할 때 사용한다. 변화폭을 작게 연출하고자 할 때에 종종 사용되고, 동일 색상을 조합하여 은은한 느낌을 연출할 때 많이 사용하고, 차분함, 간결함, 시원함, 정적인 이미지를 연출할 수 있다.

동일 배색을 활용한 스타일링은 모든 색감이 동일해야 한다는 의미는 아니고, 스타일링의 한 부분을 선택하여 일치감을 완성하려는 작업이라고 이해하는 게 적절하다. 자세한 설명으로는, 모든 색감이 동일하게 되면 음식의 특성이 반영되지 않기 때문에, 동일 배색 또는 유사 배색의 의미를 폭넓게 이해하는 것이 중요하다.

일반적으로 스타일링을 할 때 어떠한 색상으로 주위를 표현할지 고민하게 된다. 음식이 주는 느낌을 잘 표현해야 한다는 고민은 스타일링의 가장 기본이므로 음식에 따라서 그 주변의 연출을 신경 쓰는 것이 가장 크다고 볼 수 있다.

사진 4 그릇과 쉐프의 복장을 일관되게 유지함으로써 냉면의 고급스러움을 표현하고자 하였다. 구체적으로는, 냉면 그릇을 들고 있는 손과 팔 부분을 활용하여 냉면이 드러날 수 있도록 경계의 역할을 기획하였다. 더불어, 냉면 위에 달걀과 오이가 토핑되어 있는 부분을 강조하면서 시선을 끌어들이고자 하였다.

사진 5 음식을 담고 있는 용기와 주변의 소품을 동일한 색상으로 사용하면서 균형감을 맞추려고 시도한 사례이며, 리넨의 색감도 식기의 색감과 큰 차이를 드러내지 않음으로써 차분함을 연출하였다. 과일을 곁들인 연어구이라는 메뉴의 특성을 적절히 드러내고 패밀리 레스토랑의 분위기를 구현하고자 하였다.

사진 4

사진 5

유사 배색

유사색의 배색은 색상환에서 인접한 색이라고 할 수 있다. 색상의 관계에서 이웃한 색을 조합함으로써 점잖은 느낌을 연출할 때 사용하는 배색 방법이다. 밝고 어두움의 차이를 크게 두지 않는 방식으로 예를 들면 빨강과 주황을 조합하거나, 어두운 색은 덜 어둡거나 진한 색상으로 조합하면 한결 정돈된 이미지를 연출할 수 있다.

극명한 차이를 드러내는 것이 아니라 색상의 차이가 적기 때문에 명쾌한 배색을 시도할 수 있고, 협조적인 느낌이며, '온화한, 상냥한' 등의 형용사적 표현을 연출하고자 할 때 사용할 수 있다.

배색과 관련하여 색감을 연구하는 논문을 살펴보면, 연령대에 따라서도 유사 배색의 선호도가 달라진다. 50대 이상인 그룹에서는 어두운 색에 변화를 주는 유사 배색에 대한 선호도가 증가하고, 다음으로 밝은 색에 변화를 가미하였을 때에 선호도가 상승함을 보여주는 반면에 20~30대 그룹에서는 어두운 색에 유사한 변화를 가하였을 때에 선호도가 상승하지만, 대조 그룹에 비하여 밝은 색에 대하여는 선호도가 많이 증가하지 않았다(김영인, 한소원, 김희연, 홍윤정, 2011).

푸드 스타일리스트는 자신만의 색감을 집요하게 고집하기보다는 의뢰인의 시각에서 연출이 가능해야 하기 때문에, 다양한 문화를 학습하는 자세가 필요하다. 동시대의 트랜드를 맹목적으로 따라 하기보다는 고전과 현대를, 시니어와 젊은 층의 욕구를 아울러 대변할 수 있는 시각을 유지하는 것이 매우 중요하다.

사진 6 한식의 이미지를 표현하기 위해 바닥재, 냄비, 패브릭을 유사색으로 선택하였고 유사색으로만 표현을 하기에는 음식이 단조로운 것 같아 좌측 하단에 보이는 푸른 빛의 그릇을 살짝 걸쳐서 보이게 한 것은 그릇의 채도를 서로 맞추어 튀어나오지 않도록 의도한 것이다. 차분하지만 산뜻함도 살짝 표현하고 싶었던 것으로 이러한 스타일링은 한식뿐만 아니라 양식에서도 잘 쓰이는 표현 방법이라 할 수 있다.

사진 7 음식을 포함해 모든 소품들을 유사색으로 표현하고자 하였다. 음식의 모습을 살펴보면 음식 안에서도 유사색들로 이루어져서 주변의 소품들도 단조로움 안에서 서로 조화로움을 찾고자 하였다. 유사하지만 조금 다른 느낌의 색을 선택하고 그릇의 위치도 정중앙이 아닌 상대적으로 조금 틀어지게 놓아 리듬감을 표현하여 음식이 주는 느낌을 가볍고 친근하게 나타내고자 하였다. 유사 배색이 단조로울 수 있기에 색감 배열을 리듬감이나 강약으로 조절하여 사용하면 단순하지만 고급스러움을 나타내기에 좋은 방법이라 볼 수 있다.

사진 6

사진 7

반대 배색(보색 배색)

보색 배색이라고 할 수 있는데, 보색은 앞서 언급하였듯이, 특정의 한 색상이 색상환에서 가장 멀리 위치해 있는 색상과의 조합이라고 할 수 있다. 두 색상의 차이가 매우 크기 때문에 화려하고 생동감 있는 개성을 연출하고자 할 때 사용할 수 있다. 강한 이미지를 연출할 수도 있으며 대담한 도전을 시도하는 스타일리스트들이 선호하는 배색 방법이라고 할 수 있다. 다만, 차분한 느낌을 시도하는 스타일리스트들에게는 다소 거리감이 느껴질 수도 있는 조합이다.

보색 배색은 스타일리스트들이 시도하기에는 적절할 수도 있으나 고객의 선호도를 중요시한다면 많은 고민을 해야 한다. 가령, 시원한 칡 냉면을 연출하고자 할 때 파란색 식기를 사용하거나, 매운 낙지볶음에 밝은 계열의 연두색 또는 노란색 식기의 사용은 매운맛을 감소시킬 수 있으며, 단맛의 케이크에 파란색 계열의 식기는 단맛의 이미지를 줄일 수 있고, 두부를 연출할 때에도 파란 계열의 식기를 함께 배치하면 고객들의 선호도가 낮아지게 된다(김정원, 2012).

사진에서 밝은 계열의 음식 용기에 대비적인 느낌을 주기 위하여 바탕에 검정 계열의 소품을 사용하였다. 명확한 차이를 보여주기 위하여 같은 스타일링에서 배경만을 변화시켰을 때 나타나는 느낌을 표현하였으며, 검정 계열에서 나타나는 음식의 이미지와 하얀 계열에서 나타나는 음식의 이미지 대비를 통해 스타일리스트들은 고객의 시선을 어디에 고정시킬 것인지 고민해 보아야 한다.

사진 8 음식 이외의 배경이나 그릇, 소품들은 서로 차이를 이루지 않고 동일 배색으로 전체적인 분위기를 조화롭게 하고 고급스러운 느낌의 테이블을 연출하고자 하였다.

사진 9 바닥재의 색감을 과감하게 보색 배색인 어두운 색감으로 테이블을 연출하였다. 좌측 상단에 붉은 장미도 놓아 테이블의 강렬함을 더 느끼게 하여 전체적인 이미지를 밝고 차분함보다는 화려함과 생동감 있는 파티를 연상하도록 연출하고자 했다. 음식 하나하나에 시선을 끌기보다는 테이블이 주는 느낌을 서로 다른 이미지로 표현해 보면서 환경에 따른 스타일링을 고민해 보아야 할 것이다.

사진 8

사진 9

그라데이션(Gradation) 배색

그라데이션에 의한 배색은 농담에 의한 배색이라고도 한다. 서로 이웃한 색상을 단계적으로 사용하면서 색의 변화를 유도하는 방식이다. 다색 배색에서 급격한 변화가 아니라 점진적 변화에 초점을 두는 목적에 부합하는 배색 방식이며, 연속적인 이미지를 연출할 수 있는 작업에 적합한 방식이다.

구체적으로는 색상, 명도, 채도, 톤의 정도에 따라서 효과를 만들어 낼 수 있는데, 예를 들면, 노랑색→연두색→청록색→파란색 순으로 배색을 조절하는 것이다.

그라데이션의 배치는 급진적이거나 점차적인 정도로 나뉘어 스타일링이 가능하다. 그라데이션의 핵심은 색감 사이에 선명성이 명확하지는 않으면서 구분되어 보이도록 구성하는 것이다.

동일 배색 또는 유사 배색과도 연장선상에 있는 표현 연출법이라고 할 수 있으며, 더 나아가 톤인톤, 톤온톤 배색과도 조화를 이루기에 적절하다(이영란 · 주범, 2016).

그라데이션은 과하지 않게 서서히 변화를 주거나 점진적으로 변화를 주는 것으로 색상이나 밝기로 점점 변화를 주기도 한다.

사진 10, 11 음식을 표현하는 데 주변의 배경 색감을 이용한 그라데이션 배색으로 자연스러운 효과를 주게 한 방법이다. 주로 3~4가지 색상을 사용하는데 바닥재와 패브릭의 3단계로 점점 자연스럽게 진해지면서 시선이 배열을 따라가도록 리듬감과 움직임의 효과를 나타내었다. 색채가 연속적으로 배열되어 안정감이 있고 시각적으로 지루하지 않음을 나타내어 보았다. 바닥을 표현하는 데 그라데이션 배색을 선택하고 그릇이나 소품들의 배열에는 동일 색상 또는 유사 색상을 선택함으로써 자연스러움과 조화로운 이 미지를 나타내고자 하였다.

사진 10

사진 11

세퍼레이션(Separation) 배색

세퍼레이션에 의한 배색은 색상을 분할 또는 분리하는 과정을 조합하는 작업이다. 예를 들어, 두 가지 색상을 사용하려고 기획하였으나, 두 색상의 대조가 너무 클 경우 또는 유사 색상이어서 차이가 뚜렷하지 않을 경우 두 색상 사이에 특정 색을 삽입하게 되면서 두 색상을 나타내는 배색 방식이다.

가령, 노란색과 보라색 사이에 검정색을 삽입하여 균형을 이루려는 시도를 할 수 있다. 흰색과 검정색 사이에 금색을 삽입하게 되면 흰색과 검정색을 분리시키면서 균형을 이루는 이미지를 연출할 수 있다.

디자인 연구에서도 세퍼레이션 배색의 특성은 시각적으로 즐거움 및 활력을 표출할 수 있는 동시에 조화와 균형감을 유발하는 효과를 지닌다(권혜숙, 2008). 더불어, 세퍼레이션의 효과를 극대화할 것인지, 최소화할 것인지는 음식과 소품 사이의 공간을 넓게 또는 좁게 구현하는 정도에 따라서 달라질 수 있다(최수경, 2014).

여러 색상이 사용되면서 전체적으로 서로 조화를 이루는 것이다.

사진 12 세퍼레이션 배색으로 주조색이 되는 바닥재와 음식이 담겨있는 그릇 아래 검정색의 그릇을 또 하나 겹쳐 놓아 면의 비율을 살짝 쪼개어 보았다. 바닥재의 색감보다 진한 색으로 음식이 담겨있는 그릇과도 어울리며 조화와 균형을 적절하게 사용하여 스타일링을 하였다.

사진 13 음식의 색감과 그릇의 색감, 그리고 바닥재의 색상이 매우 대조적으로 분리되거나 대비가 강하게 느껴지므로 배색 사이에 푸른 색상의 패브릭을 이용하고 인체의 한 부분인 손과 푸른색 앞치마를 의도적으로 연결시켜 율동감있고 조화롭게 나타내어 보았다. 만약, 음식과 그릇 그리고 바닥재만 있었다면 자연스러운 조화나 균형을 찾아보기 어려웠을 것이다.

사진 14 포인트를 주어 서로 조화를 이루거나 면의 비율을 나누어 대비가 이루어지는 경우를 표현한 것이다.

차가운 색상과 따뜻한 색상으로 대비를 이루는데 그레이 톤인 접시를 사이사이에 사용하였고 옐로우 그린 색상으로 면적을 대비시키고 비율을 분할하여 보았다.

사진 12

사진 13

사진 14

톤인톤(Tone in tone) & 톤온톤(Tone on tone)

톤인톤 배색은 기본적으로 동일한 색상에서 출발하지만 색상의 정도에 따라서 배합하는 방식을 말한다. 톤인톤은 인접한 유사 색상을 겹쳐서 사용한다.

예를 들어, 짙은 회색과 검정색을 연이어 선택할 수 있으며, 푸른색, 파란색, 남색으로 조합할 수 있다. 톤온톤도 겹치는 조합을 지칭한다. 하지만, 톤인톤이 유사 색상으로 이어지는 방식이라면, 톤온톤은 동일 색상에서 색상의 명도 차이를 크게 두는 배색 방식이다.

예를 들어, 베이지색, 황토색, 갈색, 검정색 순으로 배색할 수 있다. 35쪽의 사진은 검정 접시와 밝은 검정 색감의 바닥재 사이에 유사 색감을 사용한 사례다. 오른쪽 사진은 회색과 검정색을 구분하여 스타일링한 사례에 포함되며, 톤인톤과 톤온톤은 그라데이션 배색과도 유사하다고 할 수 있다.

색채와 관련한 연구에서 톤인톤 배색을 적절하게 사용하는 음식 유형에는 중식이 있으며, 검정, 빨강, 흰색 순으로 용도의 쓰임새가 있다. 특히, 중식에서는 검붉은 계열의 색을 사용하는 등 강한 이미지를 선호하는 반면 한식은 빨간색의 사용에서도 중식과 비교해 비교적 좁은 선을 유지하고 있어서 각국의 선호도와 인식의 차이가 존재한다(노태진 · 백진경, 2010).

사진 15 톤인톤 배색을 적절하게 사용하여 음식 스타일링을 하였다. 같은 톤끼리의 배색을 말하는데 동일 색상이나 유사 색상의 인접한 색상에서 톤의 조합으로 색은 다르더라도 같은 톤의 조합을 말한다. 사진의 스타일링은 음식의 색상 톤에 맞추어 비슷한 색상들의 소품을 선택하고 바닥재의 색상도 같은 톤으로 배치하고 상단에 놓여진 꽃 또한 톤을 의도적으로 맞추어 다채롭고 심심한 느낌을 적게 하려고 하였다.

사진 16 톤온톤 배색을 이용하여 식재료들을 표현해 보았다. 톤을 겹치게 한다는 의미로 동일 색상에서 톤의 차이를 두고 배색하는 방법으로 밝은 색상과 어두운 색상으로 명도와 채도에 차이를 주어 통일감을 주면서 스타일링을 했다 밝은 식기들과 조금 진한 패브릭의 색상, 마지막으로 매우 진한 바닥의 색상으로 톤온톤의 배색을 했는데 색상의 배색이 밋밋함을 줄 수 있어 주재료로 쓰일 식재료인 파, 고추, 달걀들의 색감을 한쪽에 살짝 배치하여 시선을 끌어 보고자 하였다.

사진 15

사진 16

4.3. 색상에 따른 푸드 스타일링

음식은 저마다 고유한 이미지를 가지고 있다. 예를 들면, 냉면은 시원한 이미지가 떠오르면서 차가운 색이 연상된다. 찌개류나 찜 등을 떠올리면 뜨거움이 느껴지기 때문에 따뜻한 색이 연상될 수 있듯이, 연상된 색을 적절하게 활용하는 것이 푸드 스타일링에 도움이 될 수 있다. 이와 관련하여, 색상이 주는 이미지를 이해하는 것도 스타일링 작업에 도움이 되기 때문에 색상과 관련된 이미지를 살펴보는 것이 좋다.

빨강

빨간색은 흔히 식욕을 자극하는 대표적인 색으로 알려져 있다. 고춧가루, 고추장과 같이 정열적인 느낌을 줄 뿐만 아니라 다른 색과의 조합에서 강조를 하려는 의도로 적절히 사용할 수 있는 색상이다.

특히, 중식에서는 검붉은 계열의 빨간색이 왕성하게 사용되고 있으며, 넓게 연출하는 특성을 보이는 반면에, 한식에서의 빨간색 사용은 중식에 비하여 다소 좁은 형태를 보인다(노태진 · 백진경, 2010).

많은 음식 광고를 살펴보면 빨간색이 영상 또는 사진에 담겨 힘, 사랑, 역동, 흥분, 젊음, 순정, 따뜻함 등을 연상시키는 용도로 사용되고 있다.

푸드 스타일링을 기획하는 데 있어서도 빨간 토마토, 딸기, 수박, 체리, 자두 등을 활용할 수 있다. 특정 메뉴에 대한 기획을 하더라도 푸드 스타일리스트마다 차이가 있다.

예를 들어, 항공사 기내식 색채를 비교한 연구에서도, 불고기 덮밥에 사용된 색감 중에 빨간색이 전혀 사용되지 않은 제주항공, 약간의 빨간색이 사용된 이스타항공에서와 같이 메뉴를 연출하는 것은 반드시 지켜야되는 진리가 아니라, 기업이 추구하는 방향, 고객의 구분 등을 거쳐서 스타일링이 이루어진다고 할 수 있다(이소영, 손선미, 김선희, 2019).

사진 17

분홍

분홍색은 따뜻함과 섬세함을 연출하고자 하는 의도에 적합한 색상이다. 보편적으로 많은 여성들이 선호하는 색상이고, 음식으로는 단맛을 연상시킨다. '가벼운, 수줍은, 온화한, 부드러운' 등의 연한 이미지를 느끼게 하지만, '귀여운, 관능적인, 섹시한' 등의 형용사적 표현을 나타낼 수도 있다.

푸드 스타일링에서 차분함과 조용함을 연출하는 데 활용할 수 있으며 특히 카페의 분위기를 연출하는 데 종종 사용된다.

푸드 스타일리스트들에게는 음식의 디자인을 고심하는 것도 중요하지만, 음식의 재료와 관련하여 스토리텔링을 겸할 수 있을 때에 푸드 스타일링의 가치가 드러난다고 할 수 있다.

사진 18, 19 분홍색의 단맛이나 온화함, 여성스러움을 표현할 수 있는 무화과는 꽃이 피지 않아 무화과(無花果)라는 이름이 붙여졌다고 한다. 인류가 재배한 최초의 과일 중 하나로 유럽의 지중해 지역과 중동지방에서 북아프리카의 모로코까지 주 메뉴 및 디저트 메뉴에 활발하게 활용되는 재료다.

사진에 사용된 분홍색의 무화과는 달콤함을 표현하기 위해 **사진 18**은 주변의 색상이 무화과와 강한 대비를 이루어 분홍 색감을 돋보이게 하였다. 식욕을 끌기 위해 시선을 곧바로 무화과에 쏠리게 한 예시인 반면에 **사진 19**는 분홍색이 주는 느낌에서 온화함을 표현하고자 하였다. 무화과의 분홍색과 동일한 색상으로 주변의 톤을 정리하였고 무화과 색상을 선명하게 하여 부드러움과 온화함을 의도적으로 연출하였다.

사진 18

사진 19

노랑

노란색은 밝은 색으로 부드럽고 우호적인 이미지를 연출하는 데 적절하다. 유사한 색상인 금색과 함께 따뜻하고 즐거운 분위기를 나타내며 음식의 신맛과 달콤한 맛을 표현할 수 있다.

시각적으로 음식의 맛을 향상시키는 역할을 하며, 명랑, 힘, 밝고 친근하며 건강한 이미지를 연상시킬 수 있으며 빠른 시간 내에 관심을 유도할 수도 있다. 특히, 노란색을 검은색과 함께 배치할 때는 시선을 집중시키는 효과가 있으며 회색 계열과 함께 배치하면 세련되고 모던한 이미지를 만들어 낼 수 있다. 노란색은 앞의 분홍색과도 조화를 이루며 달콤하고 산뜻함을 연출할 수 있어서 많은 색상들과 조화를 잘 만들어 낼 수 있다.

색채와 관련한 연구에서도 추천하듯, 많은 레스토랑에서 떡갈비를 담은 용기와 주변의 소품에 모두 어두운 계열의 색상을 사용함으로 인하여 차별성을 갖지 못한다. 이를 극복하기 위해서는 장식에 대비되는 색감을 사용하는 것이 효과적이다 (김수인 · 박연진, 2012).

노란색을 강조한 스타일링 연출로

사진 20 주 메뉴인 스테이크보다 노란색을 강조하고자 하였다. 파인애플과 감자의 노란색에 집중시키기 위해 접시를 검정색으로 선택하여 달콤함과 경쾌함을 표현하고자 하였다.

사진 21 노란색이 주는 느낌을 세련되게 연출하고자 하였다. 노란색의 망고 주변 색상을 그레이 톤과 그 유사색으로 차분하게 꾸며 전체적으로 자연스러운 흐름을 나타냄과 동시에 세련된 이미지를 표현하였다.

노란색은 어떤 색상과 만나느냐에 따라 강렬함과 집중, 그리고 차분함과 세련미를 느낄 수 있다.

사진 20

사진 21

주황

주황색은 석양이 지는 노을을 연상시킬 수 있는 색상이다. 특히 가을을 대표하는 색상으로 침샘을 자극하여 식욕을 돋우는 이미지를 연상시킬 수 있다. 귤, 당근, 망고와 같이 많은 과일이나 야채에서 찾을 수 있는 식재료이며 친숙한 이미지를 연출하는 데 적절하다. 주황색은 생생함, 명랑, 활력 등의 이미지를 전달할 수 있고 특히, 실내 분위기를 주황으로 디자인하게 되면 따뜻한 이미지를 만들어 낼 수 있으며, 미국의 할로윈 축제 분위기를 연출할 수도 있다.

푸드 스타일링을 기획할 때 주황색을 바탕으로 사용하면 식욕을 자극하는 효과를 기대할 수도 있다(조성은 외, 2015). 특히, 주황색은 어두운 색으로 분류되는데, 그 가운데에서 가장 식욕을 돋우는 색이다(김인화 · 한경수, 2007)

사진 22 주황색은 심리학적으로 식욕을 높이는 색깔로 알려져 있고 대표 식재료인 오렌지를 이용하여 스타일링을 하였다. 주황색 자체에 집중하기 위해 접시의 색은 어두운 색감으로 하였고 바닥의 색은 접시와 비슷한 색상으로 밝기를 조정하여 단조로움을 피하였으며 오른쪽엔 유사 색상인 패브릭을 흘러내려 오렌지의 주황색을 더 돋보이게 연출하였다.

사진 22

사진 23

녹색

녹색은 자연을 연상시키는 효과를 보인다. 봄을 나타낼 수 있으며, 시각적으로 편안함을 제공한다. 더불어 안정감, 익숙함, 편안함으로 대변되기 때문에 푸드 스타일링 작업을 기획할 때 자주 사용되는 색상이다. 녹색이 흰색과 배색이 되면 깔끔한 이미지가 연상되는데, 대표적인 예로 스타벅스의 상표를 들 수 있다.

황록색은 산뜻한 느낌을, 밝은 청록색은 대담한 느낌을 나타낸다. 반면에 갈색과 배색이 되는 녹색은 텁텁하면서 쓴맛을 연상시킨다. 식재료로 청포도, 키위, 레몬, 완두콩, 상추, 브로컬리, 청경채를 사용하여 스타일링을 기획할 수 있다.

푸드 스타일링에 사용되는 그릇의 선호도 조사에서도 흰색, 검정색 다음으로 녹색 계열의 색채를 띠는 식기가 많이 사용되며, 음식의 고명 색감에서는 녹색 계열, 붉은색, 흰색 순으로 사용된다(유경아 · 김영국, 2009).

사진 23 앞에서 언급했던 주조색과 보조색의 설명에서 보인 예시 사진으로 녹색이 주는 자연의 신선함과 익숙함, 안정감을 나타낸 스타일링이다. 녹색의 신선함을 최대로 표현하고자 바탕색을 흰색으로 선택하고 포인트로 빨간색의 미니 토마토를 얹어 녹색의 싱그러움을 더 두드러지게 표현하고자 하였다. 녹색이 주는 느낌은 주변의 조화로움으로 인해 다소 차이가 있을 수 있다.

파랑

파란색은 상쾌하고 차분함을 연출하는 데 효과적이다. 작업의 기획력에 따라서 명료함, 창의, 통제를 연출할 수 있는데, 편안함, 안정감, 그리고 고요함을 나타낼 수도 있다.

한국의 대표적인 기업인 삼성의 로고에서 파란색이 주는 이미지를 살펴볼 수도 있다. 여름 음료 메뉴를 기획할 때 파란색은 시원하고 세련된 이미지를 연출할 수 있으며, 배색 그라데이션 방식에 어울리도록 유사 색상을 사용하면 젊고 활동적인 이미지를, 갈색 계열 색상과의 배색은 고급스럽고 세련된 이미지를 연상시킬 수 있다.

다만, 푸드 스타일링에서 파란색은 많이 사용하지 않는 경향이 있는데, 이는 식욕을 떨어뜨리는 역할을 할 수도 있기 때문이다. 그래서 파란색 자체의 재료를 사용하기보다는 다른 색감의 재료를 보완해 주는 역할에 적절하다(서현주 · 함성필, 2015).

파란색은 음식 스타일링에서 많이 사용되지는 않지만 시원함과 산뜻함을 표현하고자 할 때 주변 소품에 사용하게 된다.

사진 24, 25 주재료인 음식이 파스타 샐러드인 것으로 여름이란 느낌을 살려 주어야 하기에 파란색의 소품을 이용하여 나타내었다. 파란색과 그 주변을 그레이 톤으로 보완하여 전체적으로 세련미와 조화로움을 표현하였다. 파란색을 단독으로 사용하는 것보다 어우러지는 색을 보조해 주면 그 효과는 더 높아질 수 있다.

사진 24

사진 25

사진 26

보라

보라색은 빨간 색상이 주는 강인함, 열정과 파란색에서 얻을 수 있는 차가움을 동시에 가지고 있는 색상이다. 자연에서 찾기에는 다소 어려움이 있는 이유로 인조적인 이미지를 연출하고자 할 때 사용할 수 있다. 적절한 기획력은 프로페셔널한 느낌을 나타낼 수 있지만, 지나친 보라색은 우울, 불안, 부족함을 연상시킬 수도 있다.

가령, 어두우면서 시원하고 고급스러운 연출을 기획하고자 할 때 보라색의 역할이 중요할 수 있으며, 채도, 명도에 따른 배색을 원활하게 기획하면, 달콤함과 로맨틱함을 연출할 수 있는 양면성을 가진 색상이다. 식재료로는 포도, 가지, 자두, 붉은 양파, 비트를 사용하면 좋다.

보라색 자체로 음식의 식감을 돋우지는 않는 편이지만 보색을 활용하면 스타일링의 효과를 극대화할 수도 있다. 노란색 계열의 음식에 보라색 식기를 사용하거나 보라색 음식 재료에 노란 계열의 식기를 사용하는 보색 배색을 기획하면 유용한 조화를 이룰 수 있다(김정원, 2012).

사진 26 조개가 담겨 있는 칼국수이다. 칼국수를 생각하면 매우 소박하거나 정겨운 음식으로 떠올릴 텐데 이 사진에서는 가리비를 식재료로 사용하여 화려함이 보이도록 연출하였다. 소박하고 정겨운 칼국수의 느낌과 달리 감성적이면서 조금은 여성스러운 이미지로 가리비와 국수를 연결시켜 보고자 보라색의 패브릭과 바닥재에서도 톤이 내려간 보라색 재질을 선택하여 전체적으로 소박함과 세련미를 조화롭게 연출하였다.

사진 27

갈색

갈색은 풍성함을 연출하는 데 적절한 색상이다. 땅, 낙엽, 나무 등 자연물에서 손쉽게 접할 수 있는 색상이기도 하며, 싫증나지 않고 편안함을 연출하는 데 중요한 역할을 할 수 있다. 커피, 빵, 초콜릿 등의 색상으로 부드러우면서도 고급스러운 이미지 연출을 하는 데도 도움이 된다.

특히, 푸드 스타일링의 배경이 되는 바닥재의 색상이 거칠고 해어진 갈색은 고풍스러운 느낌으로 전통과 정갈함을 연상시킬 수 있다.

음식 재료에서는 된장이 대표적인 갈색이라고 할 수 있기 때문에 한국의 전통 음식을 기획할 때 된장을 적절하게 사용할 수 있다. 더불어 갈색과 검정색을 적절히 배색하게 되면 고급스럽고 풍부한 스테이크를 연상시킬 수 있는 이미지를 연출할 수 있다. 그뿐만 아니라 맥주를 주변에 배치하면 스타일링의 기초는 완성되었다고 할 수 있겠다.

갈색 계열의 음식은 한식을 표현하는 영상 매체에서도 가장 많이 사용되고 있으며 음식의 색과 식기의 재질과의 조화 부분에서도 활용 빈도수가 많은 편이다(이경은, 2013).

사진 27 갈색 톤으로 모두 이루어진 연출이다. 음식을 강조하기 위해 음식의 색감과 동일한 색상으로 전체 분위기를 배색하여 이 사진의 주인공인 랍스터 테일을 고급스러움으로 돋보이게 하였다. 동일 배색으로 소품을 선택하여 고상한 이미지를 주었고 전체적으로 자연스러운 흐름은 갈색 톤의 그라데이션 분위기를 연출하였기 때문이다. 풍성함과 고급스러움을 표현하고 싶었기에 갈색이 주는 효과를 최대한 이용하여 표현한 사례이다.

하양

흰색은 무채색으로 청결, 순수, 청순, 평화 등을 연상시키는 색이라고 볼 수 있다. 무채색이기 때문에 그 자체로는 특성이 없어서 독자적으로 사용하지는 않는다. 흰색은 숭고함, 깨끗함 등의 긍정적인 메시지를 전달할 수 있고 신뢰감을 주는 색상이기에 배색을 활용하여 스타일링을 하면 도움이 될 수 있다.

특히, 간결함을 연출하고자 하는 의도로 사용하기 적절하며, 흰색 식기류를 사용하게 되면 메뉴에 깔끔함과 청결함을 강조할 수 있다. 더불어 위생적인 이미지를 연출할 수 있기 때문에 푸드 스타일링을 기획하는 데 있어서 섬유 소재로 하얀색을 사용하면 좋다. 하지만, 영상이나 사진을 작업하는 데 무의미한 메시지를 전달할 수도 있기 때문에 배색을 통하여 스타일링을 기획하는 것이 좋다.

하얀색 계열의 소품은 많은 호텔의 연회에서 종종 사용되며, 식기류에서도 하얀색을 선호하는데 하얀색의 식기나 소품은 호텔의 청결성, 위생 상태를 단적으로 보여줄 수 있기 때문에 나름대로의 자부심을 드러내는 목적도 있다(남유신, 2015).

흰색 식자재로 치즈, 두부, 우유, 콜리플라워, 코코넛, 감자 등을 활용하여 스타일링 작업을 할 수 있다.

사진 28, 29 깨끗함과 순수함의 이미지를 표현한 예시다. 흰색의 바닥과 식기들로 주조색을 이루고 강조색이 되는 음식들의 색상과 잘 어울리도록 배색을 하였다. 하얀색은 각각의 음식 색상들 사이의 관계를 잘 완화시켜 주고 음식 색상들을 더욱 돋보이게 하는 조화로움을 보여 주고 있다. 음식을 선명하고 깔끔하게 표현해 주는 데 단조로움을 피하기 위해 하얀색 색상을 도와주는 소품을 동일 색상으로 하고 재질을 다르게 하여 전체적인 이미지를 고급스럽게 표현하고자 하였다.

사진 28

사진 29

회색

회색은 흰색과 검은색을 배색한 색상으로 조용함, 차분함을 연상시킨다. 뚜렷한 특성을 드러내지 않지만, 푸드 스타일링 작업을 할 때 종종 사용되는 색상이며, 음식 식기의 바닥, 또는 식재료 주변을 장식하는 데 유용하게 사용할 수 있다. 다른 색상과의 배색에도 무난하며 다른 색상을 돋보이게 하는 특성을 가지고 있다. 물론 그늘진 느낌을 전달할 수 있기 때문에 작업의 기획의도에 따라서 적절한 구성이 필요할 수 있다.

그럼에도 불구하고 차분하고, 세련된 이미지를 연출하는 데 자주 사용되고 있으며, 밝은 색상과의 배색을 원하는 기획에는 적절한 색상이며, 회색보다 어두운 검정색과의 배색은 모던함을 연출할 수 있지만 자칫 평범한 이미지를 연상시킬 수 있다. 특히, 회색이 제복에 자주 사용되고 있음을 연상하면 어떠한 이미지를 연출할 수 있는지 고려할 수 있을 것이다.

사진 30, 31 식재료의 특성을 연출하기 위하여 회색의 패브릭 위에 재료들을 배치하였고 그라데이션 효과를 나타내기 위하여 검정색 바닥재를 사용한 사례다. 음식 재료들을 검정 바닥재 위에 배치하였을 때에는 고급스러움보다는 재료의 특성이 드러날 수 있으며 고급스럽거나 신선한 느낌을 연출하는 데 어려움이 있다. 그래서 회색은 자체적으로 사용하기보다는 주변의 어두운 색감의 소품과 함께 사용하는 것을 추천한다. 회색은 차분함을 나타낼 때 주로 사용되는데 사진에서는 식재료들의 이미지를 회색 톤에 맞춰 안정적이고 차분하며 조화롭게 표현하였다.

사진 30

사진 31

검정

검은색은 무난한 느낌을 줄 수 있으나 무채색이기 때문에 배색을 통한 스타일링을 하는 경향이 있다. 경건, 무거움, 차분, 세련, 품위, 권위, 위엄있는 연출을 기획할 때 적절한 색상이 될 수 있다.

배색을 고려할 때, 흰색과의 조합은 무난함, 간소함, 모던함을 대표할 수 있고, 파란색과의 배색은 활발한 이미지를 연출할 수 있다. 물론, 이러한 배색은 색상의 채도에 따라서 조금씩 달라지기 때문에 기획자의 다양한 경험을 기준으로 설정하는 것이 좋겠다. 빨간색과의 배색은 신비롭거나 강렬한 이미지를, 레드와인색과의 배색은 강렬하지만 섹시함을, 황금색과의 배색은 고급스러움과 화려함을 연출하게 되며 특히 중국 음식을 스타일링할 때 도움이 될 수 있다.

식자재로는 로스팅 커피, 검은 콩, 올리브, 블루베리, 다시마, 김 등을 대표적으로 사용할 수 있다.

검은색은 어떠한 색상과 조화를 이루느냐에 따라 다양한 연출이 가능하다.

사진 32 검은색 접시를 이용하여 송편을 고급지게 연출하였다. 송편의 색감도 화려한 색상보다는 조금 단조로운 것으로 검은색과 고급지게 어울릴 수 있는 색상만 선택하였고, 소품으로 놓인 솔잎이나 작은 꽃들도 송편의 색상과 같은 색으로 꾸며 전체적으로 통일감을 주고 검은색 접시와 조화로움을 나타내어 본 사진이다.

사진 33 검은색 접시와 어두운 바닥재를 이용하여 오롯이 음식에만 집중시키고자 하였다. 검은색 접시 위에 놓인 음식의 색감이 시선을 사로잡을 수 있도록 스타일링을 한 예시다.

사진 32

사진 33

색채와 미각에 관한 팁(Tips)

색상	미각 이미지
빨강, 주황, 연두, 초록, 갈색,	식욕을 자극하는 이미지 연출 : 단맛, 신맛
노랑, 파랑, 보라,	식욕을 감소시키는 이미지 연출 : 신맛, 쓴맛
핑크	단맛, 달콤, 낭만적
하양	짠맛, 무미(無味)
청록색, 회색, 흰색, 파랑, 회색 계열	짠맛
빨강, 핑크, 오렌지, 노랑 계열	단맛
노랑, 연두, 녹황, 초록	신맛
파랑, 갈색, 보라, 초록, 짙은 갈색, 검정	쓴맛
빨강, 검정	매운맛

CHAPTER

3

푸드 스타일링의 미디어 쓰임새

CHAPTER 3

푸드 스타일링의 미디어 쓰임새

푸드 스타일링을 위한 작업 현장의 이해와 스타일링의 쓰임새에 대해서 살펴보자. 푸드 스타일리스트는 요리를 맛있고 멋있게 이미지화해야 하는 곳이면 어디에서든지 활동하게 된다. 매체의 특성에 따라 기획과정에 조금씩 차이가 있기 때문에 그 차이를 알고 있어야 원활한 스타일링이 가능하다. 푸드 스타일링이 활용되고 있는 인쇄와 영상 매체 사례들을 살펴보고자 아래에 설명을 곁들였다.

1. 인쇄 매체

1.1. 잡지

최근 국내의 많은 방송 및 인터넷 매체를 통하여 먹방이 큰 인기를 얻고 있으며, 전례 없는 팬데믹(pandemic) 상황으로 인하여 배달 음식 시장이 성장하고 있다.

잡지에 활용되는 푸드 스타일링은 이 같은 동시대의 트렌드에 민감하게 반응하게 된다. 가령, 코로나 바이러스의 확산으로 인한 외식의 감소는 홈쿡(home cook), 홈술(home drink)과 같이 집에서 이루어지는 생활의 변화를 가져 왔다. 잡지 매체는 이처럼 현재 사회에서 발생하고 있고 소비자가 원하고 있는 트렌드를 반영하거나 트렌드를 선도하려는 역할을 수행하기 위해 다양한 방식을 고민하게 된다. 푸드 스타일링에도 그러한 특성들이 반영될 수 있다. 가령, 홈쿡을 주제로 기획하고자 하는 스타일링의 방향과 구도는 비교적 간단, 간편하고 편안함을 제시할 수 있기를 원한다. 외부의 레스토랑 키친만큼 조리 공간이 많거나 큰 것이 아니기 때문에 집 주방에서 조리할 수 있는 분위기를 연출하고자 하는 것이다.

특히, 잡지에는 사진과 함께 여백이 발생하게 되는데 그 여백을 어떻게 구성할 것인지에 대한 많은 고민이 필요하다. 사진 여백에 음식 재료와 조리법에 대한 소개, 또는 음식과 관련된 스토리텔링을 담는 것도 방법이 될 수 있다.

사진 34 잡지

잡지 푸드 스타일링의 기획에서 스타일리스트는 의뢰가 오거나 영업을 통하여 과제를 수주하게 되면,

1) 의뢰인과의 소통을 통해서 목적을 우선 이해해야 하고,
2) 스타일링 작업팀과의 조율을 통해서 촬영을 기획하게 된다.
3) 목적에 적합한 소품, 재료들을 준비하게 되고, 실제 필요한 재료보다 여유분을 충분히 확보하는 것이(의도하지 않은 일의 발생을 예방하기 위함) 도움이 된다.
4) 촬영이 진행되면 순서에 맞게 배치하고 제작진들과 끊임없는 소통을 하게 된다.
5) 촬영이 끝난 후에는 잡지사의 에디터에게 레시피를 정리해서 인수를 하게 된다.

잡지 촬영에서 푸드 스타일리스트의 역할은 위와 같이 진행된다고 설명할 수 있다. 물론, 실제 과정은 더 복잡하지만 그러한 부분은 실전에서 차근차근 배우는 것을 추천드린다.

1.2. 지면 광고

지면 푸드 스타일링은 주변에서 많이 접하는 매체다. 기획과정은 앞의 과정과 유사하다고 할 수 있다. 차이가 있다면 지면에 사용되는 형태가 일률적이지 않아 여러 형태로 구분하여 살펴볼 필요가 있다. 레스토랑의 메뉴판 촬영, 음식 포스터 등의 지면에 따라서 다소 차이가 있을 수 있다.

추억의 느낌을 자아낼 수 있도록 콘셉트를 기획하고, 전체적인 색감이 전기구이에 맞게 통일감을 이루어 단조롭지만 음식이 주는 추억의 분위기를 잘 나타내었다. 오히려 단조로움이 시선을 끌기엔 더 좋은 예시라고 할 수 있다.

사진 35 지면 광고 촬영

1.3. 메뉴판 촬영

'음식은 눈으로 먹는다.'는 말이 있다. 레스토랑에 손님이 들어오고 주문을 하는 과정에서 손님이 글씨보다는 사진에 드러나는 메뉴에 우선적으로 시선이 고정되는 경우에도 이 같은 표현을 쓸 수 있다. 많은 내용, 스토리텔링, 레시피 등을 활자를 통해서 전달하고자 하는 것과 메뉴에 대한 사진을 메뉴판에 담고 있을 때를 비교해 볼 수 있겠다.

사람들은 글을 통해서 뇌를 자극하고 갖가지 재료의 조합을 통해 어떤 맛인지를 추측하는 데 어려움을 겪는다. 심지어 요리를 전공하는 사람들도 각 재료의 조합으로 최종적인 메뉴가 어떻게 나올지 예상할 수 있으나 확신을 가지기는 어렵다.

이러한 경우에 메뉴를 보여 주는 푸드 스타일링 사진은 위의 어려움들을 해소하는 데 중요한 역할을 할 수 있다.

사진 36 메뉴판 촬영

1.4. 포스터

포스터 디자인은 메뉴판 촬영과 유사하다. 다만 약간의 차이를 보이는 것은, 포스터 디자인의 경우 메뉴에서 보여 주고자 하는 음식뿐만이 아니라 그 음식을 돋보이게 할 수 있는 소품, 리넨, 메뉴의 재료를 정해진 공간 위에 함께 배치함으로써 촬영하고자 하는 메뉴와 연계될 수 있는 주변 환경까지 영상 매체에 담고자 한다. 식품 관련 기업에서 특정 시기에 맞추어 이벤트를 기획하거나, 신메뉴 출시를 기획할 때, 또는 특선 이벤트를 기획할 때 팸플릿, 안내서 등에 들어가는 촬영 작업이라고 할 수 있다.

특히, 포스터 작업은 많은 시간을 소요하게 된다. 제품을 홍보하는 단 한 번의 기회를 통하여 고객의 심리를 자극해야 하고, 그로 인한 매출 증대를 기대하고 있는 기업의 전략을 파악해야 하기 때문이다. 이러한 작업과정에서는 의뢰인과의 소통이 무엇보다도 중요한데, 스타일리스트의 의도를 지나치게 강조하면 의뢰인의 제품이 드러나지 않을 수 있고, 의뢰인의 제품을 너무 부각시키려고 하다 보면, 제품을 구매하기 위한 부수적인 환경을 차단하게 되어 구매 충동을 억제하는 결과를 가져오기도 한다.

뒤의 사진들은 대학교의 팝업 레스토랑 세미나에 전시하기 위하여 연출한 사례로 각각의 사진들은 메뉴의 특성을 돋보이게 하기 위하여 가급적 소품을 최소화하여 스타일링하였다. 색채 관련하여서는 조형예술 전공 학생들의 의견도 포함하였다.

참고로, 푸드 스타일리스트들이 작업을 기획함에 있어서 나름대로의 철학을 가지고 있을 수 있으나 세심한 부분에서 더 나은 의견 또는 다른 의견이 있을 수 있기 때문에 풍부한 의사소통은 푸드 스타일링을 연출하는 데 도움이 될 수 있다.

사진 37 포스터 및 카탈로그 촬영

카탈로그 푸드 스타일링도 포스터 촬영과 유사하다. 다만 많은 양을 담아내어 책자로 배포하는 경우는 포스터 작업과 다르다고 할 수 있다. 특히, 카탈로그 작업은 일반적으로 쪽수를 많이 사용하기 때문에 의뢰인의 다양한 제품을 중간중간에 포함하여 제품이 드러날 수 있도록 기획하게 된다. 그래서, 카탈로그 작업은 의뢰인이 주문을 하는 단계에서부터 스타일리스트와 많은 소통을 해야 한다. 일례로, 요리 장면을 촬영하는 것 이외에도 그 요리 장면을 부각시킬 수 있는 다양한 재료, 조리도구 등을 주변에 자연스럽게 배치하고, 촬영 과정에서 의뢰인이 전달하고자 하는 메시지들을 담아낼 수 있어야 하며 인쇄물에도 메시지가 드러날 수 있도록 기획하는 것이 매우 중요하다.

포스터와 카탈로그 푸드 스타일링 작업은 사전에 충분히 고민할 수 있는 시간을 두고 자주 토의를 하면서 진행하는 것이 적절하다.

2. 영상 매체

앞서 언급하였듯이, 요즘 우리는 많은 영상에서 먹방 프로그램을 시청할 수 있다. 방송 중간, 별도의 광고, 유튜브, 인터넷 매체들을 통해서도 많은 음식 프로그램이 등장하고 있다. 특히, 비대면 환경에서의 먹방 또는 홈쿡 등은 시청자들이 쉽게 따라할 수 있거나, 개인이 독자적인 영상을 만들어 업로드하면서 시청자들과의 공감대를 형성하려는 시도도 많아지고 있다.

TV 속의 드라마나 영화에서 음식 소재는 다양한 용도로 사용될 수 있는데, 고급스러운 왕실의 12첩 반상, 유럽 귀족들의 연회 풍경, 소박한 서민들의 김치찌개 등도 모두 푸드 스타일링의 단면이 될 수 있다. 지상파 방송(EBS, KBS, MBC, SBS)보다는 종편 방송에서 푸드 스타일링이 더욱 큰 역할을 하고 있는데, 이는 종편이 방송 중간에도 광고를 법적으로 보장받을 수 있는데 반하여, 지상파는 중간 광고를 할 수 없기 때문이다.

2.1. 광고

광고는 일반적으로 방송 사이 주어진 짧은 시간 내에, 제품이 표방하고자 하는 의도를 보여줄 수 있어야 하기 때문에 많은 촬영 시간이 요구된다. 제품의 콘셉트를 대변할 수 있는 이미지를 표현하는 작업으로 여러 촬영 컷을 작업하여 편집 과정을 거치게 된다.

제품을 먹음직스럽게 만들 수 있어야 하며, 음식의 재질감을 살릴 수 있는 기술도 요구된다. 광고는 단순히 제품만을 돋보이게 하기보다는 전체적인 구성을 중요시하기 때문에 푸드 스타일리스트는 제품과 관련한 다양한 지식을 보유하고 있어야 한다. 제작과 관련한 기획 과정은 실제 많은 경험을 바탕으로 사업 제안서 발표 등을 거치고 예산안, 촬영 단계에서는 PD와의 조율 등을 거치게 된다. 푸드 스타일링의 작업 단계 이전 과정은 여기에서 자세하게 다루지 않고 푸드 스타일링의 역할에 초점을 두어 설명하고자 한다.

시즐 컷(Sizzle cut): 음식을 조리할 때 지글지글 끓는 소리를 시즐링이라고 표현한다(아무래도 푸드 스타일링이 영어로 표기되는 경우가 많기 때문에 영어를 그대로 사용하는 용어들도 많다). 시즐감을 스타일링에서 담아낼 수 있어야 한다. 예를 들어, 스테이크 광고를 촬영할 때는 주물 팬에 소고기가 잘 익어가고 있음을 보여 줄 수 있도록 오디오의 영역을 잘 표현해야 한다. 많은 광고에서는 실제 조리 과정에서 발생하는 소리를 담아내기 어렵다. 그래서 조리 소리를 별도로 작업해서 스테이크 스타일링에 입히기도 한다.

또는 피자를 구워서 길게 늘어지는 치즈를 촬영하고자 할 때, 실제 치즈를 사용할 수도 있으나, 다른 소품을 사용하여 시청자가 인지하기에는 치즈가 길게 늘어지는 모습을 연출하기도 한다. 대부분의 촬영 소품은 영상 작업의 목적을 위해 준비한 것이기에 실제 먹을 수 없는 경우가 많다. 치즈와 똑같은 영상을 보여 주기 위해서 공업용 풀을 사용하거나, 갓 구운 빵의 반질반질한 모습을 연출하기 위해 식용유를 사용할 수 있다. 또한, 색감 연출을 위하여 커피 가루를 사용하거나 어두운 색감 연출을 위하여 간장, 캐러멜 소스 등을 사용할 수도 있다.

사진 38 광고 촬영

2.2. 영화, 드라마

영화나 드라마, 연예 프로그램에서 보여지는 푸드 스타일링은 연출자의 기획의도를 이해하는 것이 매우 중요하다. 앞선 방송 광고와 같이 기획의도를 사전에 이해해야 하는 것은 물론이고, 작가의 의도, 미술팀의 구도를 충분히 이해해야 좋은 결과를 얻을 수 있다. 그렇게 하기 위하여 방송 전에 작가, 미술 소품 팀들과의 사전 조율이 무엇보다도 중요하다. 방송 광고에 비하여 주어지는 시간이 짧기 때문에 스타일리스트는 사전에 어떠한 구성을 할 것인지 인지하고 리허설을 마쳐야 한다. 종종 영화나 드라마에서는 출연자가 시식을 하는 경우가 있기 때문에 음식의 모양, 맛, 분위기 등을 전체적으로 점검하여야 한다.

레스토랑의 고급스러운 음식이나 소머리 국밥 메뉴와 같이 다소 서민적인 느낌을 연출하기 위해서 푸드 스타일리스트는 다양한 환경을 체험하고 사진이나 영상 기록을 통하여 다양한 이미지를 구축해 두는 것이 매우 중요하다.

사진 39 영화/드라마 촬영

2.3. 홈쇼핑

홈쇼핑은 대부분 실시간으로 진행되는 특성을 가지고 있기 때문에 영상 촬영 이전에 모든 준비가 마무리되어 있어야 한다. 라이브로 진행되는 영상들은 오류 발생이 전무하기를 요구하기에 철저한 준비는 물론이고 개인보다는 팀 단위로 각각의 영역에 대하여 세분화된 작업을 하게 된다.

사전 조율을 거쳐서, A는 배경에 대한 전권을, B는 음식의 색채를, C는 음식의 높낮이 및 시즐감을 도맡아 작업을 진행하게 된다. 방송 촬영 이전에 시안을 점검하고 시간 단위로 어떻게 배치하고 보완할 것인지에 대한 모든 과정을 이해하고 있어야 한다.

푸드 스타일링이라고 해서 반드시 음식을 촬영해야 하는 것은 아니다. 뒤에 제시한 사례는 푸드 스타일링에 적합한 접시를 홈쇼핑에서 판매하고자 하는 의뢰를 받은 것이고, 접시를 드러내기 위하여 음식이 사용되었다고 할 수 있다. 즉, 접시가 '갑'이 되고 음식이 '을'이 되는 관계인 것이다.

사진 40 홈쇼핑 촬영

사진 40 홈쇼핑에서 사전 영상 인서트 광고를 위한 스타일링을 한 예시 사진이다.

생방송에서 스타일링은 인서트 촬영을 거의 비슷하게 하고 이때는 음식의 시즐감에 더 비중을 주게 된다.

인서트 장면의 스타일링은 소비자들에게 제품에 대한 스토리를 전달하여야 하고 제품의 특징을 단 몇 초만에 인식시켜야 한다.

이처럼 상품 판매와 매출 상승을 위해서도 푸드 스타일리스트들의 역할은 중요하다.

CHAPTER

4

푸드 스타일링 & 디자인

Chapter 4

푸드스타일링 & 디자인

종종 방송을 통해서 식문화가 잘 발달된 국가인 프랑스나 이탈리아의 식탁 영상을 볼 수 있다. 식탁 위에 가지런히 놓인 꽃병, 커트러리, 리넨, 물잔 등의 조화로움이 '멋있다'는 감탄을 자아낸다. 프랑스나 이탈리아의 음식에 대한 열정은 역사적인 기록을 통해서 살펴볼 수 있다.

식문화에 대해서는 여기에서 자세히 다루지 않을 것이지만, 공통적으로 나타나는 모습이 있다. 바로 음식을 어떻게 배치해야 할지, 그 음식이 어떻게 보이는지에 대한 고민이다. 여기에서 푸드 스타일리스트들의 창작이 드러난다. 단순히 음식을 접시에 담아서 내오는 것이 아니라, 음식의 맛과 멋을 조화롭게 구성함으로써 음식을 제공받는 고객들이 존중받고 있음을 표현해 내는 과정이라고 할 수 있다.

사진 41 소품을 사용한 것과 사용하지 않은 것의 차이

앞의 사진들을 참조하여 소품을 활용하였을 때와 그렇지 않았을 때를 비교할 수 있다. 가정에서 음식을 담아낼 때 소품을 사용하지는 않겠지만, 푸드 스타일링에서는 음식이 가장 중요하면서도 어떻게 하면 음식을 더욱 돋보이게 할 수 있을까를 고민해야 한다. 종종 음식을 담는 그릇이 중요하기도 하지만, 가정에 있는 소품들을 가볍게 활용하면 음식의 가치가 훨씬 상승됨을 알게 된다(윤우중, 2014).

리넨을 음식 접시와 유사, 대조 등의 배색을 고려하여 스타일링을 진행할 수도 있으며, 음식을 강조하기 위하여 커트러리(cutlery, 숟가락, 포크, 나이프 등)를 음식 곁에 두거나, 반찬을 작은 그릇에 담아서 함께 내어놓는 것도 푸드 스타일링의 기초 연습이라고 할 수 있다.

푸드 스타일링은 음식과 어우러진 소품 간의 자연스러움이 가장 중요하다. 메인 음식 주변의 소품들을 음식과 전혀 관계없는 것으로 준비되면 안 된다. 메인 음식과 어울리지 않는 사이드 요리를 내어놓으면 스타일링에 맞지 않을 수 있다. 동양과 서양에서 각기 다르게 쓰이는 소품도 잘 선정해서 적절하게 표현해야 한다.

음식은 어떻게 담아내야 할까? 접시에 올린 음식 주변의 꽃병, 소품들도 중요하지만, 가장 중요한 것은 주어진 접시 위에 음식을 어떻게 담아낼 것인지에 대한 고민이다. 강은숙, 안세희(2017)의 푸드 디자인에 관한 설명을 참고로 접시의 디자인은 점, 선, 면을 중심으로 살펴볼 수 있다.

1. 점

도화지에 하나의 점을 그린다는 가정에서 설명할 수 있겠다. 하얀 도화지에 작은 검은색 점을 어디에 그리느냐에 따라서 다양한 이미지를 연출할 수 있다. 점은 형태의 가장 작은 단위로 사용할 수 있으며, 하나의 점만으로는 방향을 드러낼 수 없다. 하지만 작은 점을 연속적으로 그리게 되면 선의 모양으로 보일 수 있고, 방향을 바꾸어 계속 점을 그리면 꺾이는 부분이 발생하고, 작은 점들을 이어 면의 모양을 연출할 수도 있다.

작은 점보다 큰 점을 사용하게 되면 사뭇 다른 이미지를 보여 준다. 게다가 이러한 점의 모양에 색상을 가미하게 되면 다른 느낌을 만들어 내게 된다. 음식 재료를 사용하여 점을 연상시킬 수 있으며 점을 이어서 면으로 보이게 스타일링을 할 수도 있다.

사진 42 빨간 방울토마토 1개가 독립적으로는 점의 역할을 하게 되지만, 연이어 원하는 형태로 스타일링하게 되면 면으로도 연출이 가능한 사례다. 그런 이유에서, 푸드 스타일리스트들은 독창적이고 도전적이면서 창의성을 요구한다. 특히, **사진 42**의 사진은 점을 이용하여 한 덩어리나 면을 표현한 예시다. 방울토마토의 빨간 점을 강조하기 위해 바닥재와 패브릭을 동일 색상으로 배색하였고 무심한 듯한 토마토들이 모여 하나의 면을 이루고 있음을 나타내어 보았다. 이러한 방법은 시선을 집중시키기는 효과가 있다.

사진 42

2. 선

푸드 디자인에서 선은 여러 점을 연속으로 이어준 결과로 나타난다. 선을 짧거나 길게 표현하는 정도에 따라서 이미지가 달라질 수 있으며, 선의 폭을 넓게 만들면 면의 모양을 나타낼 수도 있다.

뚜렷한 원칙이 적용되는 것은 아니다. 앞서 언급하였듯이, 푸드 스타일링은 스타일리스트의 창작성이 매우 중요하며, 표현하고자 하는 음식의 목적에 따라서, 그 음식과 연계된 문화에 따라서 조금씩 다른 형태를 만들어 낼 수 있다.

접시 위에 하나의 선이나 두 개의 선을 사용할 수도 있을 것이고, 선과 선 사이에 공간을 두어 그 공간 안에서 스타일링을 기획하게 되면 제한되면서도 깔끔한 이미지를 연출할 수 있다.

선을 이용하여 스타일링을 하는 사례는 특히 일식에서 자주 접할 수 있다. 일식에는 소스를 사용하거나, 소품을 사용하여 정갈한 이미지를 연출하는 특성이 있다. 한식에서 선을 자주 사용하지는 않지만, 굵은 붓글씨가 풍기는 굵직하면서도 힘이 있는 모습을 푸드 스타일링에 담아낼 수 있다.

참고로, 한식, 일식 그리고 중식을 비교하자면, 한식은 면을 사용하는 편에 가깝고, 일식은 선을 적절하게 사용하는 편이며, 중식은 원을 사용하는 연출법에 차이가 있다고 할 수 있다(박은희, 2008). 중식과 일식의 차이를 비교해 보고자 아래의 중식과 일식에 사용한 사례를 포함시켰다.

사진 43, 44 중식 메뉴를 연출하였던 사례다. 둥그런 원형 용기에 음식을 담아내어서 맵고(사진 43) 푸짐함(사진 43 & 44)을 표현하고자 하였다. 이 또한 원형 용기가 아닌 한식에 사용되는 용기 또는 선을 강조하는 일식 용기에 음식을 담아내면 이미지가 색다르게 표현될 수 있다.

사진 45 선을 활용하여 스타일링한 사례다. 선이라고 하여서 실같이 가는 선을 연상할 수 있으나, 폭이 좁으면서 날카로움이 있는 스타일링을 말한다. 폭이 넓으면 면이 될 수 있는데 반해, 가늘고 긴 소품을 활용하면 선의 효과를 연출하는 데 적절하다.

선의 느낌을 전달하려는 의도는 주먹밥이 놓인 엽란의 잎이다. 면으로 볼 수도 있지만 엽란의 이미지를 보면 굵은 붓으로 큰 획을 그려 놓은 듯 힘이 들어간 선을 연상하게 된다. 굵은 선이 둥근 접시 중앙이 아닌, 한쪽으로 치우치게 하여 접시 안에서도 여백을 주고 일식의 깔끔함이 느껴지도록 연출하고자 하였다.

사진 45

3. 면

면은 선이 이어져서 매듭을 지은 결과물이라고 할 수 있다. 넓이에 따라서 덩어리감을 연출할 수 있는데, 삼각형, 사각형, 타원형 등을 활용하여 높낮이를 구체화시켜 주면 입체감을 만들 수 있다. 소스나 소품을 이용하여 면을 만들어 보는 것도 최종적인 작품을 사전에 이미지화하는 데 도움이 된다.

가령, 삼각형은 3개의 각이 날카롭게 느껴질 수 있으나 대체적으로 안정감을 주는 편이고, 사각형은 4개의 각이 이어져 있어서 주로 안정감 이상의 단정함을 제공하기 때문에 자칫 진부한 느낌을 줄 수도 있다. 원형은 안정적이면서, 부드러움을 표현하고자 할 때 자주 사용한다. 접시 위에 원형의 그림을 그리고 그 공간 내에서 음식을 디자인하게 되면 익숙함, 친숙함, 안정감을 표현할 수 있기 때문에 이는 면을 이용한 가장 기본적인 스타일링 기법이라고 할 수 있다.

한식의 스타일링은 일반적으로 면을 종종 활용하는데, 색감과 함께 균형과 조화를 잘 표현한다고 할 수 있다. 특히, 한식에 사용되는 용기들이 전통성을 가미하면서도 세련되어 보여서 음식이 많이 튀어 보이지는 않으며 정갈함을 표현하기에 적절하다. 사진에서 원형의 용기에 음식을 담아내면 한식의 느낌을 충분히 연출하기에 어려움이 있을 수 있다.

사진 46, 47 면의 스타일링을 잘 표현한 예시다.

사각형의 틀 안에 음식을 활용하여 면의 느낌을 나타내는 것이 쉬운 작업은 아니지만, 이곳에서의 스타일링은 정갈함과 고급스러운 멋을 표현하기에 좋을 듯하다. 면이 주는 느낌을 차별화하여 잘 활용할 수 있는 표현 방법이다.

사진 46

사진 47

4. 입체

입체는 점 · 선 · 면을 이용한 디자인에 실체적 물건 즉 음식을 올려놓음으로써 부피감을 연출하게 된다. 입체감이 있다는 의미는 음식을 실제 진열했을 때 흔히들 표현하는 3D 형태를 보인다는 뜻이다. 선과 면이 시각적으로 드러나면서 입체감을 갖게 된다. 원뿔 모양의 입체감은 원만함과 안정감을 줄 수 있고, 육면체는 차가우면서 강직함을, 각뿔 모양은 도전, 안정, 경쾌함을 표현하는 데 적절하다.

사례로, 가지는 길고 둥그런 모양을 가진 채소다. 가지는 본래 부드러운 이미지를 가지고 있는데, 삼각형 모양으로 자르고, 튀긴 모습에서는 부드러움보다 다소 낯선 야채의 이미지가 연상될 수 있다.

감자튀김 한 개만 사용하면 가늘고 특징적이지 않을 수 있지만, 감자를 얼기설기 엮어서 튀기면 새의 보금자리 모양이 만들어져서 안정감과 따뜻함을 연출하는 데 도움이 될 수 있다. 이렇듯 입체는 다양한 선과 면을 가진 음식 재료가 스타일리스트의 개인적 창작을 거치게 되면 매우 새로운 이미지를 연상시킬 수 있다.

입체감에 초점을 두는 푸드 스타일링은 음식의 높낮이를 일컫는 표현이라고 할 수 있다.

사진 48 평평한 모습의 스타일링과 입체감을 살린 측면의 연출된 사진을 비교하였을 때, 동일한 연출임에도 불구하고 고객의 식감을 자극하는 역할은 분명한 차이가 있을 것이다.

평평해 보이는 푸드 스타일링은 고객으로 하여금 다소 밋밋함을 느끼게 하여 음식에 대한 매력을 상승시키지 못할 수 있으며 결과적으로 고객을 유치하는 데 어려움을 겪게 된다. 푸드 스타일링 분야뿐만 아니라, 음식을 접시에 담아낼 때에도 음식이 낮게 표현된 것에 비하여 높게 연출된 것이 고객들의 식감을 증대시킨다(박성연 · 유택상, 2012).

입체감을 표현하는 스타일링은 음식에 높이감이 있다. 높이를 보여 줄 때는 최대한 음식 재료를 다 보이게 기획해야 하는데, 이는 한쪽에서만 보이기 때문에 이 부분을 고려해서 스타일링을 해야 한다.

높이감이 별로 없는 음식은 입체감보다는 면으로 표현하는 방법을 선택해야 할 것이다. 즉, 위에서 음식의 전체 면이 보이도록 스타일링한다.

사진 48 입체감–측면–을 살린 예시

CHAPTER

5

음식과 디자인

Chapter 5

음식과 디자인

디자인의 원리는 다양한 형태의 모형을 이웃, 대칭, 비대칭 등의 구성을 하여서 하나의 균형 잡힌 질서를 만들어 내는 작업이라고 할 수 있다. 유사한 형태를 이웃하여서 나타낼 수 있는 조합, 서로 대비되는 모형을 사용한 조합, 그리고 이웃하거나 대비되지도 않는 형태를 이용하여 균형이 잡힌 모습을 연출할 수 있는 방법들을 총칭하는 개념이라고 할 수 있다.

디자인의 구성은 균형, 조화, 리듬, 통일, 변화, 강조 등으로 분류하고 있다(강은숙 · 안세희, 2017).

1. 균형

균형이란 2개 이상의 재료가 가지고 있는 부분적인 또는 전체적인 특성을 연계하여 안정감을 표현하는 것이다. 단순히 물리적인 안정감을 강조하는 것이 아니라, 시각적이면서 심리적인 안정감을 제공할 수 있어야 한다. 균형에는 대칭과 비대칭 방법이 있는데, 우선 대칭 방법을 살펴보자.

2. 대칭

대칭적 균형은 2개의 재료를 접시 위에 디자인할 때 2개의 재료가 완전히 일치하는 경우를 의미한다. 또는 이웃한 재료를 포개었을 때 같은 크기와 모양을 유지하고 있는 형태를 대칭적 균형이라고 할 수 있다. 이 균형은 정돈되어 있으며 안정감을 표현하는 데 적절하지만, 동적인 느낌보다는 정적인 느낌을 주기 때문에 스타일링의 기획의도와 일치하는지 고려해야 한다.

오른쪽의 사진에서는 음식을 담고 있는 그릇의 크기가 일정하게 같은 모양과 부피를 유지하고 있어서 균형감을 주고 있으며, 이웃한 작은 그릇들도 같은 원형이라 전체적으로 균형 및 일체감이 잘 표현된 사례다.

대칭을 이루는 크고 작은 접시들이 안정감을 이루고 있고 양 옆으로 패브릭도 서로 대칭을 이루고 있다. 많은 양의 음식 종류를 표현할 때는 안정감을 위해 의도적으로 대칭형의 구도를 활용한다.

사진 49 대칭감을 살린 예시

3. 비대칭

비대칭적 균형은 대칭적인 이미지에 비하여 다소 불균형해 보일 수 있지만, 서로 다른 크기를 활용하여 동적인 이미지 연출을 기획하고자 할 때 적절하게 활용된다. 푸드 스타일링에서 비대칭적 균형을 종종 활용하는데 크기가 서로 다른 재료를 배치하게 되면 음식이 한쪽으로 몰려 있는 느낌을 연출할 수 있고 생동감을 표현하는 데 적절하다.

비대칭적 균형은 음식을 담은 그릇의 크기에 차이를 두는 경우도 있고, 서로 다른 모형의 그릇을 사용하여 스타일링을 하는 사례도 있다. 그러한 측면에서, 한국 밥상처럼 중앙에 큰 메인 메뉴가 위치하고 주변에 작은 반찬 접시들이 보완해 줌으로써 균형감을 연출하는 방사형 균형 디자인과도 유사하다고 할 수 있다.

사선의 위치를 한쪽으로 쏠리게 하여 비대칭적인 세련미를 주기 위함이다. 큰 접시와 작은 접시 사이에서 느껴지는 비대칭적 요소는 리듬감을 주어 전체적으로 차분함보다 경쾌함이 보이도록 스타일링을 하였다.

사진 50 비대칭감을 살린 예시

4. 방사형

방사형 균형은 접시의 중심에서 바깥쪽으로 뻗어 나가는 형태로 배치되는 이미지를 연상할 수 있다. 접시의 중심에 강조할 수 있는 재료를 위치하고 바깥쪽으로 이웃한 재료들이 이어지면서 음식을 배치하기 때문에 음식의 크기를 고려하는 게 좋다. 자연에서 관찰할 수 있는 꽃모양, 햇살 그림을 연상하면 도움이 될 수 있다. 디저트류와 같이 다양한 크기를 가진 재료를 사용해야 시각적으로 뚜렷한 방사형 모양을 연출할 수 있다.

사진 51 방사형 균형에서 한쪽 방향만을 활용한 사례로, 중심에 표현하고자 하는 메인 메뉴를 위치시키고 주변에 작은 메뉴를 배치한 것이다. 한국의 남부지방 상차림을 연상할 수 있을 텐데, 밥상의 중앙에 메인 메뉴가 올라가고 사방으로 작은 접시의 반찬들이 배치되는 상차림을 방사형 스타일링이라고 할 수 있다(김선희 · 김상희, 2013).

방사형 균형을 응용하여 스타일링을 한 예로 중심점이 되는 커다란 파이가 메인이 되게 하고 규칙이 있는 듯 위 아래로 작은 파이들을 균형감 있게 배치하였다. 또한, 파이 안에 토핑되어 있는 음식들이 방사형 균형을 이루도록 하였다. 방사형은 큰 상차림에서는 잘 활용되지만 작은 메뉴의 디자인에서는 자주 사용되지 않는다. 방사형 균형을 적절하게 사용하면 리듬감이 있어 흥미롭게 표현할 수 있다.

사진 51 방사형 균형감을 살린 예시

CHAPTER

6

접시를 활용한 디자인

Chapter 6

접시를 활용한 디자인

접시 형태는 푸드 스타일리스트의 열정이 담겨 있는 소품 중의 일부이지만, 음식을 담아내는 작업과정의 기준이 된다. 음식을 식기에 담을 때 접시의 형태에 따라서 스타일링 이미지가 달라지고 그 형태에 맞추기 위해 음식의 모양을 바꾸기도 한다는 점에서 접시 형태는 매우 중요하다고 할 수 있다.

푸드 디자인에서 기본적인 접시 형태는 원형, 사각형, 삼각형, 타원형, 마름모형 등이 있으며 접시의 형태에 맞춰 음식을 담아냄에 따라서 다양한 이미지 연출이 가능하다.

1. 원형 접시

원형 접시는 가장 기본적인 접시로 요리에서 가장 많이 활용된다. 원형 접시는 편안함, 부드러움, 친숙함을 제공하며, 안정적이면서도 푸드 스타일리스트가 다양한 변화를 시도하는 데에도 도움이 되기 때문에 스타일링에서 주로 사용된다.

사진 52 대칭적 균형에서 사용한 사진과 동일하며 원형 그릇을 사용하여 전체적으로 편안함과 익숙함을 표현하도록 기획한 사례다.
음식을 담을 그릇을 선택할 때 테이블과 어울리는 색상이나 재질을 고려하고 접시의 형태도 고민해야 한다. 사진의 음식이 캐주얼 한 느낌이 있어 원형의 우드 접시들을 선택하여 부드러움과 친숙한 이미지를 연출하고자 하였다. 테이블의 재질이나 색상도 접시와 비슷한 것으로 선택하였는데 이는 음식을 더 돋보이게 하기 위함이다.

사진 52 원형 접시

2. 사각형 접시

사각형은 선명하고 매끄러운 느낌을 전달하기 때문에 모던하면서도 세련된 연출을 기획할 때 도움이 되는 형태다. 접시의 끝에 각이 져 있어서 직선적이고 딱딱한 느낌을 줄 수 있지만 안정감과 편안함을 전달할 수도 있다. 창의적인 요리로 변화를 강조하는 연출을 기획하려면 사각형 접시를 활용하는 게 적절하다.

사진 53 한식 메뉴를 연출하면서 한식에서 중요하게 여기는 면을 활용하였고, 사각형이 주는 이미지 중에서 단아함과 차분함을 나타내어 본 연출이다. 사각 접시는 너무 매끈하게 만들어진 그릇보다는 투박하고 소박한 느낌을 주어 음식도 더 단정하게 느껴지고 있다.

사진 54 사각형 모양의 접시를 사용하여서 이국적인 이미지와 세련미를 연출 하였다. 사각 접시에서 느껴지는 직선이 음식을 집중시키고 평범함보다는 특별함을 표현하기에 적절하였다.

사진 53, 54 사각형 접시

3. 삼각형 접시

삼각형 접시는 날카롭고 다소 불안정한 모습을 보일 수 있기 때문에 스타일링 작업에서 자주 사용되는 식기는 아니지만, 오히려 활동적이면서 도전적인 연출을 기획하는 스타일링에는 어울린다. 자유분방한 요리 및 역동적인 구성을 원하는 작업에 적절한 접시다. 하지만, 푸드스타일링 소품으로 삼각형 접시는 자주 사용되지 않는다. 여러 그릇들 사이에 균형을 맞추기 위해서 삼각형 접시를 활용할 수는 있으나 자체적으로 스타일링을 표현하는 데는 어려움이 있기 때문이다.

사진 55

사진 56

사진 55, 56 삼각형 접시를 떡을 담거나 반찬을 담기 위해 사용하였다. 전체적인 스타일링에서 밋밋함을 줄이기 위해 사이사이에 삼각형 접시를 배치하여 세련미를 주었고, 자연스럽게 포인트가 되게 했다. 즉, 삼각형 접시는 독자적으로 사용하기보다 빈 공간을 채워 주기 위해 활용된다.

사진 55, 56 삼각형 접시

4. 타원형 접시

타원형 접시는 원형이 주는 편안함과 부드러움뿐만 아니라 우아함, 섬세함 및 신비감을 노출하고자 할 때 사용하는 것이 적절하다. 타원이 가지고 있는 이미지가 다양하기 때문에 여러 형태의 푸드 스타일링을 기획할 때 적절하다.

타원형과 유사한 마름모형 접시는 평면이지만 입체적이고 동적인 표현을 기획할 때 활용하는 편이다.

떡갈비를 담을 때에도 원형의 식기와 함께 타원형 접시가 가장 많이 활용되고 있는데(김수인 · 박연진, 2012), 왼쪽의 타원형 접시는 장어덮밥을 연출한 사례이며, 커트러리(나이프, 스푼, 포크 등)와 소스를 곁들인 작은 종지 그릇을 함께 스타일링하는 것이 적절하다.

사진 57 타원형 접시에서 여성스러움과 우아함을 느낄 수 있어 장어덮밥의 분위기를 연출하기에 적절하였다. 전체적으로 온기를 더해 주고 색감도 타원형의 그릇 색감과 동일 색감으로 맞춰 표현했다.

사진 57 타원형 접시

CHAPTER

7

푸드 스타일링과 소품 이해하기

CHAPTER 7

푸드 스타일링과 소품 이해하기

푸드 스타일링은 섬세한 작업이 요구되기 때문에 푸드 스타일링을 이해하고 작업하기 위하여 몇몇 중요한 요소들을 살펴보고자 한다.

1. 조명

음식을 표현하기 위해서는 조명이 무엇보다도 중요할 수 있다. 스타일링을 마무리하고 소비자에게 전달하는 작업은 연출 시 어떠한 환경에서 촬영되는지에 따라서 이미지가 달라질 수 있다. 특히, 많은 촬영들이 실내 공간에서 진행되기 때문에 영상이 다소 어둡게 나타나거나 그림자가 질 수도 있는 등 섬세한 표현이 부족하게 된다.

게다가 이미지 촬영은 한 대의 카메라로 작업하는 것이 아니라 여러 대의 카메라를 여러 각도에서 촬영하고 원근법을 살리려는 시도를 많이 한다. 그렇기 때문에 모든 면에서 작품은 균일한 모양과 빛을 품고 있어야 하기에 조명이 특히 중요하다.

가장 좋은 조명은 자연광이라고 한다. 그럼에도 불구하고 계절과 기후에 큰 영향을 받는 푸드 스타일링에서 조명은 필수적인 소품이라고 할 수 있다.

더불어 소품을 구분하는 데 있어서는 소품 즉, 여러 가지 도구들을 필요로 한다. 각각의 음식에 맞는 도구를 효과적으로 사용할 수 있어야 하므로 도구와 관련하여 살펴보고자 한다.

사진 58, 59 조명을 직접적으로 노출하거나 반사판을 이용해 간접적으로 노출하여 연출하기도 한다.

2. 연출 재료

푸드 스타일링을 위한 도구는 연출 재료와 특수 재료로 구분한다. 연출 재료를 간략히 표현하면, 스타일링 과정에서 음식을 돋보이게 하기 위해서 필요한 인위적 소품이라고 할 수 있다. 연출 재료는 반드시 필요한 것은 아니지만, 푸드 스타일리스트들이 고려해봄 직한 소품이라고 할 수 있다.

앞치마

앞치마가 가방과 같이 많은 칸으로 나뉘어져 있으면 좋다. 너무 가볍지 않고 구겨지지 않는 재질이 제격이다. 작업 중에 이동을 최소화하여야 하기 때문에 여러 도구들을 주머니에 넣고 움직일 수 있는 앞치마가 적절하다.

사진 60

다리미/ 분무기

다리미는 푸드 스타일링의 배경이 되는 섬유와 촬영에 필요한 여러 천 종류를 정돈되어 보이도록 하는 목적으로 활용된다. 분무기는 푸드 스타일링 작업 중 매우 자주 사용되기 때문에 반드시 필요하다. 가령, 과일이나 야채 스타일링 과정 중에 물방울이 맺힌 이미지를 통해 신선함을 연출하고자 할 때 필요하다.

사진 61

사진 62

붓

붓은 음식 재료에 색상을 입히는 데 적절한 도구다. 가령, 음식 재료 위에 소스를 부을 수는 없고 부분적으로 명암을 연출하고자 할 때는 붓을 사용하여 명암을 조절할 수 있다. 또한 여분의 붓은 스타일링 과정에서 주변 가루를 털어 내고자 할 때 사용할 수 있다. 모든 종류의 붓이 필요하지는 않겠지만, 크기가 다른 3개의 붓을 지니고 있으면 좋다.

사진 63 감자의 겉면에 오일을 바르고 오븐에 구울 때 붓을 활용하였던 사례다. 큰 붓과 작은 붓을 적절하게 활용하는 것이 좋으며, 아래의 붓은 밀가루 관련 스타일링 작업을 할 때, 주변의 먼지나 지나친 가루를 펴 바르는 등에 용이하게 사용할 수 있다.

거품기 (Whisker)

거품기(Whisker)는 재료를 섞어서 연하게 만들거나 재료에 공기를 불어 넣는 역할을 할 수 있다. 흔히 휘핑크림을 만들 때에 거품기가 종종 사용되며, 달걀을 젓거나 액체에 가루를 넣어서 저을 때에 사용할 수 있으며, 스타일링 현장에서도 베이킹 관련 작업에 종종 사용된다. 휘핑기라고도 하는데, 굳이 거품기와 휘핑기의 차이를 든다면, 거품기는 재료를 섞는 데에 목적이 있는 반면에, 휘핑기는 재료를 섞어서 특정 재질 즉, 딱딱함을 형성하는 데 목적을 두고 있어서 휘핑기가 좀 더 목적성을 가지고 있다고 할 수 있다.

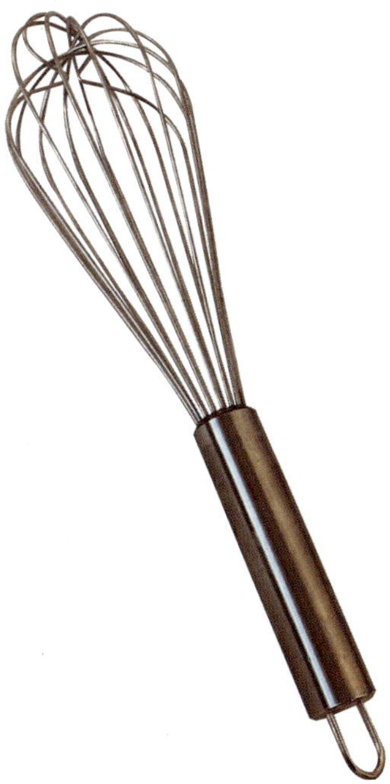

사진 64

핀셋

핀셋은 푸드 스타일링 과정에서 작고 섬세한 작업이 필요할 때 종종 활용된다. 디저트 위에 작은 식용 꽃을 올려 놓을 때, 음식과 음식 사이 공간이 비좁지만, 장식을 하고자 할 때는 핀셋을 사용하여 작업을 하는 게 도움이 된다.

사진 65 화전 윗부분에 꽃을 얹을 때에 손을 활용하면 정교하게 배치하기 어려워서 핀셋을 활용한다.

사진 66 소시지 스타일링에 눈 모양을 만들어 주기 위하여 핀셋을 활용하여 검은 참깨로 작업한 사례다.

사진 65

사진 66

이쑤시개/ 꼬치

이쑤시개는 푸드 스타일링 작업과정에서 볼륨감을 표현하고자 할 때 종종 사용된다. 패스트푸드 햄버거를 연출하고자 할 때, 실제 재료들을 가지고 겹겹으로 쌓으면 그 무게로 내려앉게 되어 볼륨감을 표현하기 어렵다. 음식 재료들 사이에 공간을 만들어 내기 위해서는 이쑤시개를 활용할 수 있으며 크기가 있는 재료들에는 꼬치를 활용할 수도 있다. 꼬치는 쇠 재질로 만든 것을 추천하는데 고기에 그릴 자국을 연출하고자 할 때, 불에 달구어 활용할 수 있기 때문이다.

꼬치는 음식을 정갈하게 배치하는 데도 적절한 도움이 될 수 있으며, 명절에 산적을 조리할 때 자주 활용되듯이, 푸드 스타일링에서도 같은 용도로 활용할 수 있다.

사진 67 아래의 닭고기 날개를 활용한 대만 요리를 스타일링할 때, 소(내용물)를 날개 안에 넣고 겉면을 꿰매어서 음식물이 넘치지 않도록 고정하는 데에도 꼬치를 사용할 수 있다.

사진 67

계량컵/ 스푼

재료의 양을 측정하고자 할 때 필요하다. 거의 모든 푸드 스타일링 작업은 1회에 마무리되는 경우가 없다고 할 수 있다. 여러 단계를 거쳐야 할 수도 있고 매 회 작업 시 계량된 양이 다르면 안 되기 때문에 필요하다고 할 수 있다.

사진 68 음식에 재료를 부을 때에 계량컵을 활용했던 사례다.

사진 69 음식 위의 밥은 계량컵에 담아 눌러서 음식 위에 스타일링할 때 고정되는 역할로 사용할 수 있다. 더불어 계량컵은 육수 등 액체 종류의 재료를 사용할 때에도 적절히 활용된다.

사진 68

사진 69

스패츌러(Spatula)

주걱이라고 할 수 있는데, 평평하고 날렵한 모양의 도구를 가지고 있으면 도움이 된다. 가령, 케이크에 버터를 바르거나 되직한 소스를 접시 위에 넓게 펴 바르는 작업에 활용된다. 조리할 때 사용하는 넓고 큰 주걱보다는 작은 모양이 더 활용도가 높다.

사진 70 케이크에 휘핑크림을 바를 때, 스패츌러의 사용은 작업을 매우 용이하게 한다.

사진 70

실

실은 음식 재료를 고정하기 위해서 묶고자 할 때 사용된다. 양식 스타일링의 고기를 통으로 구운(Roasting) 모습을 연출하고자 하면 미리 고기를 둥근 모양으로 말아서 실을 사용하여 고정을 하여야 한다. 이쑤시개나 꼬치를 사용하여도 조리 과정에서 고기가 벌어져 다시 조리를 해야 하는 경우가 종종 발생한다. 만일 연출 과정에서 실이 보이지 않게 하려면 투명한 낚싯줄을 사용하면 된다.

사진 71 토르티야 샌드위치를 감쌀 수 있을 뿐만 아니라 색감을 이용한 스타일링을 표현하는 데에도 활용할 수 있다. 실을 이용하여 더 고급스러운 느낌을 표현하였다.

사진 71

면봉

면봉은 핀셋과 같이 좁은 구석의 색감을 정리하고자 할 때나 소량의 이물질을 닦는 데 사용한다.

사진 72 햄버거를 만들면서 햄버거 빵 윗부분에 색감을 입히기 위한 작업에 면봉을 사용하기도 하고 햄버거 안쪽에 소스나 이물질을 정리하기 위해 사용한다.

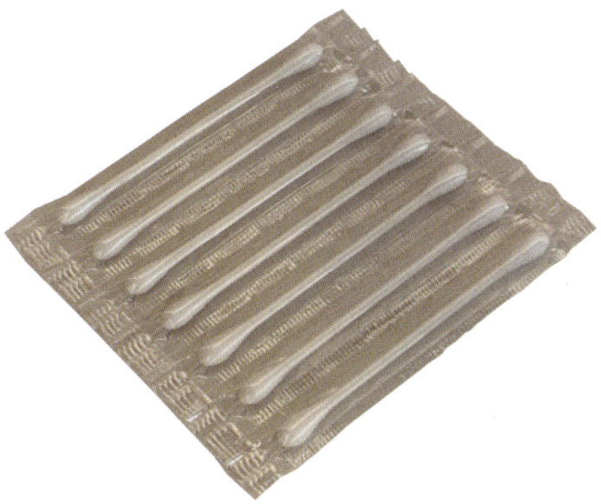

사진 72

주사기

주사기는 분무기의 세밀한 영역이라고 할 수 있다. 분무기는 넓은 영역을 연출하고자 할 때 필요하지만, 음식 재료 위에 몇 개의 물방울을 연출하고자 할 때는 분무기보다 주사기를 사용해야 높은 완성도를 구현할 수 있다. 또는 스포이트를 사용하여도 좋다.

주사기를 이용하여 음식에서 국물의 양을 가감하기도 하고 음료 스타일링에서도 음료의 양을 더하거나 뺄 때 조심스럽게 주사기를 이용하기도 한다.

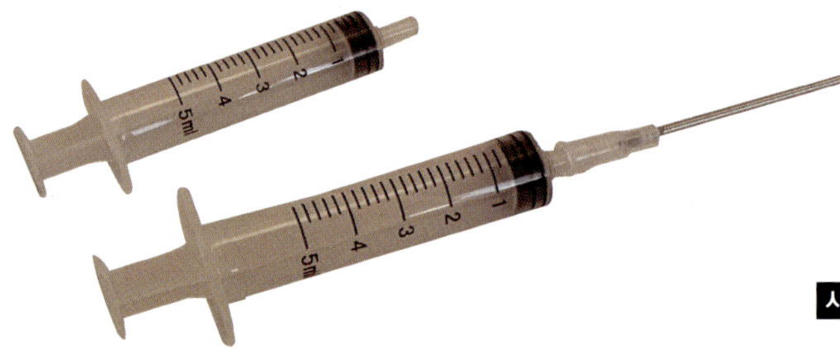

사진 73

깔때기

깔때기는 직접 스타일링에 사용하기보다는 액체류의 재료를 작은 용기에 옮겨 담을 때 필요한 도구다.

사진 74

칼/ 가위

칼은 크기에 따라 여러 종류가 필요하다. 작은 칼은 과일이나 야채의 좁은 부분을 도려내거나 껍질을 벗기는 데도 활용할 수 있다. 가위도 유사한 용도로 사용할 수 있기 때문에 필요하다.

체(Strainer)

체는 파우더 종류를 거를 때 종종 사용한다. 국물 요리를 작업할 때에도 불순물 분리 또는 제거 시 사용할 수 있다. 디저트 스타일링에서 슈거 파우더로 멋을 낼 때 체를 이용하여 마무리하기도 한다.

사진 75 밀가루를 체로 쳐서 잘고 고운 가루를 사용한 사례다.

아이스크림 스쿱(Scoop)

푸드 스타일링에서 아이스크림, 감자, 고구마, 콜리플라워를 으깬 형태의 모양을 깔끔하게 정리하는 데 사용된다.

사진 76 케이터링에서 의뢰받은 핑거푸드(도구를 사용하지 않고 손으로 집어 먹는 음식)로 에그 샌드위치를 만드는 데 사용한 사례다.

사진 76

제스터(Zester)/ 필러(Peeler)

제스터는 익숙하지 않은 주방 도구이지만, 푸드 스타일링에서 과일의 껍질, 특히 라임이나 레몬의 껍질을 가늘고 길게 벗겨내고자 할 때 매우 적절한 도구다. 필러는 음식 재료의 껍질을 벗겨낼 때, 칼을 사용하는 것보다 수월하여서 사용한다.

사진 77 파스타 위에 토핑으로 치즈를 갈아서 스타일링하는 작업을 연출한 사례다. 제스터의 용도는 껍질을 가늘게 추출하기도 하지만, 치즈를 갈 때도 종종 사용한다.

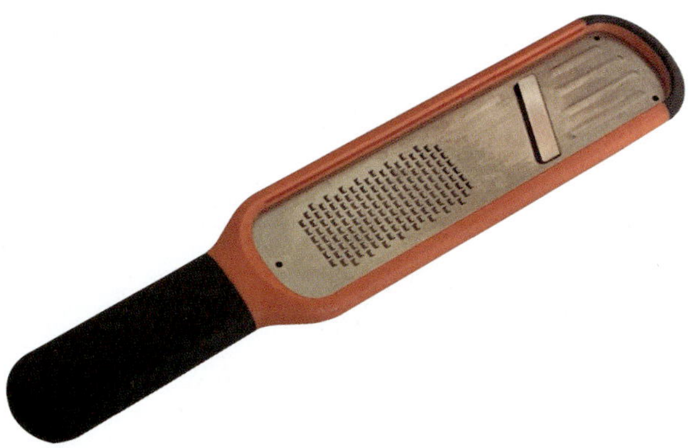

사진 77

토치(Torch)

토치는 음식 재료에 그을음 또는 로스팅 이미지를 연출하고자 할 때 자주 사용한다.

사진 78 기업체의 의뢰를 받아 감자를 반으로 나누고 속을 파서 해물과 치즈를 내용물로 채웠고 겉 부분에 토치를 사용하여 조금 탄 듯한 이미지를 연출하였던 사례다. 토치는 가급적 거리를 두고 천천히 가열하는 것이 적절하다. 급한 일정 때문에 토치를 너무 가까이 두고 사용하면 겉면이 너무 새까맣게 타버려서 오히려 스타일링을 그르치는 경우도 종종 있다.

사진 78

면포(Cheese cloth)

면포는 음식물의 찌꺼기나 육수의 불순물을 분리할 때 사용한다. 고기를 오래 끓이면 여러 불순물이 부유하게 되는데 그러한 불순물을 분리하여서 맑은 액체를 사용하고자 할 때 면보를 활용한다. 영어권에서는 치즈를 걸러 낼 때 사용하기 때문에 Cheese Cloth라고 표기한다.

사진 79

3. 특수 재료

특수 재료는 음식의 조리에 사용할 수 있는 재료들을 총칭하는 용어다. 다음의 재료들을 살펴보면 어떻게 활용이 되는지 알 수 있다.

식용유

식용유는 반지르르한 이미지를 연출하고자 할 때 자주 사용한다. 가령, 과일에 물방울이 맺힌 이미지를 연출하고자 할 때 사용할 수 있는데, 과일 위에 식용유를 묻힌 거즈나 면포를 이용하여 닦아주고 스포이트나 주사기를 이용하여 물방울을 만들 수 있다. 기름 성분이 물과 대조되는 특성을 활용한 것이다.

사진 80 소시지 메뉴를 기획하면서 조리 시간이 길어진 까닭에 소시지나 야채들의 건조한 느낌을 제거하고 촉촉하고 신선한 이미지를 연출하기 위하여 붓을 활용하여 식용유를 겉면에 바른 사례다.

푸드 스타일링 작업을 하다 보면 예상보다 시간이 소요되는 경우들이 허다하고 그로 인해 음식 재료들이 건조해지게 된다. 다시 조리할 시간이 부족하기 때문에 식용유를 사용하여 겉면에 칠해 주면 금방 조리한 느낌을 연출할 수 있다.

사진 80

커피

커피는 어두운 색감을 표현하는 데 적절한 재료다. 가령, 스테이크를 조리할 때 덜 익히면 색감이 너무 밝고 바짝 익히면 겉 부분이 너무 검게 나타나서 적절하게 익힌 상태를 연출하기 어렵다. 이러한 경우에는 스테이크를 미디엄 레어(Medium Rare – 겉 부분을 살짝 익히고 내부는 덜 익힌 상태)로 조리하고 커피 가루를 이용하여 겉 부분을 발라 주면 훨씬 잘 구워진 이미지를 연출할 수 있다.

사진 81 양고기 스테이크에 그릴 자국을 내었고 탄 듯한 이미지 연출을 위하여 붓을 사용하여 커피 가루를 겉면에 바른 사례다. 커피 가루는 여러 용도로 사용할 수 있기 때문에 커피를 만들고 남은 가루 재나 신선한 커피 가루를 소량으로 반죽에 넣어서 조리할 때 활용할 수도 있다.

간장

간장은 국물을 주로 사용하는 스타일링에 활용한다. 가령, 커피를 표현하려고 실제 커피를 사용하여 작업하다 보면 시간이 흐르면서 커피의 색감이 다소 약해지고 거품이 발생하게 된다. 간장은 위의 약점을 보완해 주는 용도로 사용된다. 한편 위스키를 연출하고자 할 때 간장 몇 방울을 물과 희석해서 사용하면 비용을 절감할 수 있어서 좋다.

사진 82, 83 국수 스타일링을 기획하면서 육수를 간장으로 활용한 사례다. 간장 약 1스푼 정도와 물을 충분히 섞어서 육수의 색을 만들면 좋다. 예를 들어, 국간장은 연한 색감을 내지만 나트륨 성분이 높으며, 진간장 및 양조간장은 나트륨 성분이 낮은 반면에 어두운 색을 보이기 때문에 물의 양은 간장에 맞춰서 조절해야 한다.

사진 82

사진 83

물엿

물엿도 식용유와 함께 윤기를 나타내는 용도로 사용한다. 물엿은 많은 양을 사용하기보다는 소량으로 넓게 펴 바르는 것이 효율적이고, 효과적인 결과물을 나타낼 수 있다. 찹쌀 느낌을 많이 보여 주고 싶은 경우 물엿을 사용할 수 있으며 반짝이는 효과를 연출할 수 있다. 또한, 푸드 스타일링은 영상을 통하여 소비자에게 어필하는 작업인 만큼 물엿이나 시럽을 사용하지 않고, 차량 엔진 오일을 사용하면 더욱 오랫동안 질감을 유지하는 역할을 하기 때문에 대체하여 사용하기도 한다.

사진 84, 85 소고기 스타일링을 의뢰받아 오랜 시간에 걸쳐서 촬영하다 보니 소고기의 겉면이 조금씩 건조해지기 시작해 겉면에 물엿을 조금 발라 줌으로써 오랜 시간 작업을 했는 데도 촉촉한 이미지를 유지할 수 있었던 사례다.

사진 84

사진 85

식용색소

식용색소는 천연재료에서 구할 수 없는 색감들을 표현하고자 할 때 사용한다. 천연 식재료를 사용하여 짙은 색감을 만들고자 하면 엄청난 양의 재료를 조리해야 할 수 있겠으나, 식용색소 1~2방울을 사용하면 원하는 색감을 조절할 수 있기 때문에 자주 사용한다. 식용색소는 아이스크림을 연출하고자 할 때, 밀가루 반죽에 다양한 식용색소를 사용하여 연출할 수 있다.

사진 86 후무스(Hummus – 중동 및 북아프리카 지역에서 즐겨 먹는 향토 음식) 메뉴를 스타일링하기 위하여 여러 색감의 식용색소를 사용하였던 사례다. 특히, 여러 야채들과 색감의 균형을 맞추기 위하여 여러 식용색소를 혼합하여 사용할 수도 있다. 야채 고유의 색감으로 후무스를 표현하기에 조금 아쉬운 점이 있어 야채 색감에 맞는 소량의 식용색소를 첨가하였다.

사진 86

4. 추가 스타일링 팁(Tips)

1. 우유보다 학용품 풀을 사용하면 되직한 질감으로 인하여 다른 재료들을 표면에 오래도록 머물게 할 수 있다. 따라서 우유를 연출하고자 할 때 많은 우유를 사용하기보다는 밀가루 반죽을 바닥에 깔고 상층에 학용품 풀을 사용하면 오랜 작업 시간에도 불구하고 모양을 꾸준히 유지할 수 있다.

2. 가짜 얼음은 실제 얼음처럼 보이고 녹지 않으며, 액체류에 떠오르는 소품이다. 사진 87은 가짜 얼음을 사용하여 칵테일 음료를 스타일링한 사례다. 모히토(Mojito)는 쿠바를 중심으로 생겨난 칵테일 음료로 럼(Rum)을 사용하기도 하고 국내의 주류를 사용하여 만들 수도 있다.

3. 스모킹: 음식에 따뜻하고 포근한 느낌을 연출하기 위하여 연기가 필요할 때가 많다. 간단한 방법으로 드라이아이스를 사용할 수 있고, 작은 부피의 면(또는 붕대)을 물에 적셔서 전자레인지에 뜨겁게 돌린 후에 스타일링 영상의 뒤쪽 부분에 놓아두고 촬영할 수 있다.

사진 87

다음에는 추가적으로 확보해 두어야 할 소품들을 살펴보겠다.

바닥재

일선 현장에서는 빽판이라고 표현하며 영어로는 Backdrop이라고 한다. 많은 푸드 스타일링의 배경이 되는 부분을 살펴보면 음식을 돋보이게 하기 위하여 대조되거나 유사한 배경을 선택하게 된다. 바닥재는 다양한 종류들이 있다. 연출의 의도에 따라서 바닥재를 달리 사용하여야 하는데, 고풍스러운 이미지를 연출하려면, 오래되어 보이고 흠결이 이곳저곳에 묻어나는 분위기의 바닥재를 선택해야 한다. 깔끔한 이미지 연출을 위해서는 바닥재가 현대적인 느낌을 대변하도록 니스 처리를 할 수도 있다.

바닥재는 푸드 스타일리스트가 많은 시간과 비용을 들이는 영역일 것이다. 일반인들이 버리는 나무판자일지라도 스타일리스트의 시각에서 어떠한 용도로 사용하기에 매우 적절하다고 판단하면 나름대로 저렴한 비용으로 구매하여 사용할 수 있다. 그래서, 한옥과 같은 전통가옥에서 사용하는 또는 사용하였던 고목들을 판매하고 있는 가게를 섭외해 두면 스타일링을 기획할 때 시간을 절약할 수 있다. 한편 일부 스타일리스트들은 직접 판자를 구매하고 아크릴 페인트를 사용하여 본인만의 바닥재 이미지를 표현하는 경우도 있다.

푸드 스타일링의 주제에 맞는 색감의 바닥재를 선택하는 것도 매우 중요하다.

패브릭(Fabrick)

패브릭은 섬유, 천 또는 리넨(Linen)이라고 하는데, 바닥재와 함께 푸드 스타일링의 배경 역할을 하는 중요한 소품이다. 바닥재 위에 음식을 배치하고 사진을 촬영하였을 때와, 음식 주변에 패브릭을 활용하여 감싸주는 연출은 음식 고유의 맛과 멋을 동시에 만족시킬 수 있다. 패브릭은 특히 한 국가의 음식을 표현하기에 안성맞춤이다. 중동 및 인도 지역의 음식을 연출하고 싶으면, 다소 어두운 계열의 양탄자 느낌의 패브릭으로 배경이나 주변을 둘러 주게 되면 시각적으로 더욱 안정감과 완성감을 연출할 수 있다. 음식 주변에 패브릭을 사용하면 다양한 이미지를 연출할 수 있기 때문에, 필요에 따라서 구비해 두면 도움이 된다. 패브릭은 거친 느낌의 재료에서부터 하늘하늘한 재료까지 다양한 재질감과 색상, 모양을 구비하고 있으면 좋다.

스타일링에서 패브릭의 역할은 빈 공간을 자연스럽게 채워주기도 하고 음식 고유의 맛과 멋을 감각적으로 표현할 수 있게 한다. 직사각형 모양으로 제작하여 테이블 위에 매트나 러너로 활용해도 좋다. 패브릭 사진은 이 책에 포함된 스타일링 사진 곳곳에 있다. 여러 요소들을 종합적으로 검토하여 가장 적절한 패브릭을 고르는 연습이 필요할 것이다.

CHAPTER

8

푸드 스타일링과 재료 살펴보기

CHAPTER 8
푸드 스타일링과 재료 살펴보기

푸드 스타일링을 위한 준비

푸드 스타일링 준비 작업을 위해서는 요리에 대한 전반적인 지식과 작업 능력을 갖추어야 많은 도움이 된다. 음식과 어울리는 소품을 정하고 토핑을 할 때 장식에 대한 능력이나 음식의 다양한 변화에 대한 지식이 요구되기 때문에 미적 감각이나 색채 감각을 키우기 위해 노력하는 자세가 매우 중요하다.

스타일링에서 중요한 것은 요리와 가장 잘 어울리는 그릇과 소품 등을 잘 선택할 줄 알아야 하고 상황에 따라 유동적인 촬영 조건에도 재빠른 판단과 대처를 할 수 있어야 한다는 것이다.

스타일링의 콘셉트에 맞게 관심이 있는 모든 것들은 직접 찾아다니며 고르거나 만드는 작업을 꾸준히 해야 한다. 좋은 아이디어를 기록하며 연구하는 자세는 스타일리스트의 기본이라 할 것이다.

푸드 스타일링에 필요한 요소 중 소품 활용은 절대 빠질 수 없는 부분이다. 주인공인 음식을 더 돋보이게 해 주며 식욕을 자극한다. 소품이 없는 메인 요리보다는 패브릭이나 도마, 커트러리와 함께 배치된 결과물이 메인 요리를 더 자연스럽게 연출할 수 있다.

사진 88

사진 89

사진 90

사진 91

소품들은 유행을 따라 사용하기도 하지만 스타일링을 하다 보면 새 것보다는 오랜 시간을 지내온 물건들이 자연스러움이나 따스한 온기가 느껴지는 결과물로 나올 수 있다. 오래된 물건을 구입하기 위해 벼룩시장을 찾으면 빈티지한 그릇, 소품, 중고 가전제품 등 세월의 흔적을 느낄 수 있는 다양한 물건을 만나기도 한다. 깨끗하고 세련된 이미지는 아니지만 세월을 머금은 색감이나 온기, 감성은 오래된 소품이 주는 멋이라고 할 수 있다.

푸드 스타일링을 연출하기 위해 음식 관련 분위기를 느끼고 기획을 위해서 소비자가 찾는 시장에 가보는 등 관심을 가지고 직접 찾아보는 작업은 매우 중요하다. 로컬 푸드를 찾아가 그곳에서 흥미로운 아이디어나 자료를 얻기도 하고 대형 마트나 특별한 식재료를 판매하는 이색적인 마트를 자주 찾아 안목을 넓히며 관찰력을 키워야 한다.

스타일링에서 중요한 부분을 차지하는 것은 소품이나 그릇이다. 스타일리스트가 직접 매장을 찾아보고 확인하는 작업은 많이 할수록 감각이 좋아지게 된다. 음식이 담겨 있는 상상을 하며 매칭이 잘되는지, 아니면 어떤 조합을 해야 하는지를 고민하며 색감이 뚜렷하게 보이도록 직접 매장에서 그릇을 덧대어 보며 다양한 조합을 시도해 보는 작업이 계속 이루어져야 한다.

사소한 것도 그냥 무심히 지나치지 말고 관심을 기울여야 하며 익숙함에서 벗어나 여러 방향으로 도전하고 새로운 구상을 시도하며 꾸준한 훈련을 통해 실력을 쌓아 나가야 한다.

사진 92

사진 93

CHAPTER 9

푸드 스타일링 실전 연습

완두콩 밥

재료

흰 쌀밥, 완두콩, 베이비오일, 이쑤시개, 족집게, 붓

실습

1. 밥을 소복하게 담고 이쑤시개로 모양을 잡아 준다.
2. 족집게를 이용해서 밥 곳곳에 완두콩을 꽂아 준다.
3. 붓에 베이비오일을 적당량 묻혀 밥과 콩이 윤기나게 발라 준다.

1

2

3

Tip

식용유를 쓰면 밥이 노란색으로 나타나기에 무색의 베이비 오일을 사용하는 것이 효과적이다.

잔치국수

재료

소면, 무, 청고추, 홍고추, 당근, 달걀지단, 간장, 실

실습

1. 국수 위에 올릴 고명을 준비한다.
2. 국수 끝을 실로 묶은 후 삶는다.
3. 그릇 밑에 두껍게 썬 무를 깔아 부피감을 준 뒤 삶은 면을 둥글게 말아 놓는다.
4. 국수 면 위에 고명을 올리고 간장 탄 물을 적당량 부어 준다.

Tip

- 국수를 삶을 때는 한꺼번에 많은 양을 묶어서 삶지 말고 조금씩 나누어 실로 묶은 후 삶아 주어야 모양을 잡기 좋다.
- 국수의 국물이 사골 국물일 경우엔 우유를 물에 타서 사용하면 사골 국물의 느낌을 나타낼 수 있다.
- 무는 그릇 바닥에 1/3 정도가 되게 해야 국수가 예쁘게 자리를 잡을 수 있다.

라면

재료

라면 2봉지, 표고버섯, 달걀지단, 달걀노른자, 청고추, 홍고추, 대파, 얼음, 면포

실습

1. 라면 위에 올릴 고명을 준비한다.
2. 면을 꼬들하게 삶고 얼음물에 넣어 불지 않게 한다.
3. 라면 국물은 면포에 걸러 건더기가 없게 한다.
4. 라면 위에 고명을 올리고 계란 노른자를 가운데에 놓아 준다.
5. 면과 고명이 흐트러지지 않게 조심하며 라면 국물을 부어 준다.

Tip

- 라면을 삶을 때 살짝 덜 삶아야 꼬들꼬들한 면의 느낌을 살릴 수 있다.
- 라면 국물은 끓이지 않고 차가운 물에 개어서 사용한다.

아이스크림

재료

슈거 파우더 400g, 버터 100g, 물엿 1/3컵, 인공색소

실습

1. 슈거 파우더에 버터를 넣고 으깨면서 뭉쳐 준다.
2. 잘 뭉쳐지면 물엿을 넣고 섞어 준다.
3. 원하는 색의 인공색소를 넣고 색이 고루 섞이도록 반죽한다.
4. 스쿱으로 퍼서 아이스크림 모양을 만들어 준다.

Tip

– 딱딱한 것보다 조금 질게 느껴지는 반죽이 아이스크림의 표면을 거칠게 잘 표현한다.

– 버터는 실온에서 미리 녹인 후에 반죽하는 게 잘 뭉쳐진다.

2. 푸드 스타일링 실전

고구마쿠키

요리 소개

미니 고구마쿠키는 집에서 쉽게 만들 수 있는 간식이다. 삶은 고구마를 이용하여 버터와 설탕, 밀가루, 달걀노른자를 함께 반죽하여 오븐에 구워 주는 요리다. 미니 사이즈로 만들어 앙증스러움과 재미를 더한 요리로 누구나 쉽게 따라해 볼 수 있고 스타일링도 즐길 수 있다.

스타일링 팁

고구마쿠키를 미니사이즈로 만들어 스타일링을 한 사례로 전체적으로 고구마와 소품들의 색을 동일 색상의 톤으로 맞추고 고구마쿠키에 시선을 집중시켰다. 미니 고구마의 귀여움, 투박함을 나란히 놓여 있는 귀여운 커트러리들로 함께 장식하여 고구마쿠키의 앙증스러움을 더 돋보이게 하고자 하였다. 나무의 재질이 전체적으로 동일한 색감을 잘 어우러지게 받쳐 주고 있다.

레시피

• **재료**

버터 50g, 설탕 50g, 박력분 150g, 삶은 고구마 200g, 달걀노른자 1개, 소금 약간, 자색고구마 가루 약간

1 밀가루를 곱게 체로 쳐 준다.
2 버터는 설탕, 소금을 넣고 크림화시켜 준다.
3 노른자와 체 친 밀가루, 으깬 고구마를 넣고 골고루 섞어 준다.
4 반죽에 랩을 씌우고 냉장고에서 30분 정도 휴지시켜 준다.
5 반죽을 미니 고구마 모양으로 만들어 자색 고구마가루를 겉면에 묻혀 준 후 170도 오븐에서 15분 구워 준다.

1

2

3

4

5

소고기 스테이크 덮밥

요리 소개

간단하지만 비주얼이 좋아 인기가 많은 요리로 한그릇 요리, 도시락 요리로 많이 소개되고 있다. 한 숟가락 안에 밥과 달콤 짭조름한 양념으로 구워진 스테이크 한 조각을 즐길 수 있는 요리로 어른들은 알싸한 고추냉이를 올려서 먹는 일품요리다. 만들기 쉬운 요리이고 특별한 소품이 없어도 집에 있는 소품으로 충분히 스타일링을 할 수 있는 메뉴다.

푸드 스타일링에서 가장 중요한 것은 주인공이 되는 음식 주변을 어떻게 스타일링할 것인가다. 메인 메뉴와 어울리거나 그 메뉴에 사용되었던 식재료를 찾아 스타일링을 하면 좋은 연출을 할 수 있다.

스타일링 팁

스타일링에서 중요한 포인트 중에 하나는 소품이라 할 수 있다. 메인 요리 외에 사진 안에 잡히는 빈 공간을 소품으로 채워 주어 조금 더 고급지거나 차려졌다는 느낌을 연출할 수 있다.

소고기 스테이크의 스타일링은 도시락에 단아하게 담겨 있는 스테이크 위에 튀긴 마늘 칩을 얼기설기 뿌려 주었고 쪽파의 파란색 부분만을 잘게 다져 스테이크 위에 뿌려 주었다. 쪽파의 파란색 부분만 사용함으로써 색을 단조롭게 해 스테이크를 돋보이게 하고자 하였고 바닥에 놓여 있는 식물과 동일 색상으로 맞추어 단순함으로 단아하게 세팅된 스테이크에 집중된 시선을 빼앗기려 하지 않았다. 바닥재의 선택도 스테이크와 비슷한 색으로 하였고 패브릭의 색도 채도를 맞추어 튀지 않게 배치하였다.

레시피

- **재료**

스테이크용 소고기 200g, 밥 1~2공기, 마늘 6쪽, 부추 한 줌, 양파 1/2개, 올리브유, 소금 약간, 후추 약간, 버터 1큰술, 로즈마리 약간

- **소스 재료**

간장 2큰술, 바비큐 소스 2큰술, 굴소스 1큰술, 물 1/3컵, 설탕 3큰술, 후추 약간

1 소고기는 핏물을 제거한 후 소금, 후추, 로즈마리, 올리브유를 뿌려 10분 정도 재워 준다.

2 양파, 마늘은 슬라이스해서 물에 담가 매운 맛을 제거한 후 키친타월로 물기를 제거해 준다. 부추는 3cm 길이로 썰어 준다.

3 팬에 기름을 두르고 마늘을 노릇하게 튀겨 바삭한 마늘 칩을 만들어 준다.

4 팬에 기름을 두르고 소고기를 올려 센 불에서 익혀 준다. 고기 겉면이 바삭하게 구워지면 버터를 넣고 중불에서 좀 더 익혀 준다.

5 익은 고기는 호일로 감싼 뒤 5분 정도 래스팅시켜 준다.

6 팬에 소스 재료를 넣고 2분 정도 바글바글 끓여 준다.

7 구운 소고기를 먹기 좋은 크기로 납작하게 썰어 준다.

8 그릇에 밥을 담고 소스를 뿌린 후 부추와 양파채를 올리고 소고기를 가지런히 담아 준다.

9 바삭하게 튀긴 마늘 칩과 쪽파를 뿌려 준다.

네모 김밥

요리 소개

간편하게 한 끼 식사로 즐길 수 있는 메뉴로 좋아하는 어떤 재료를 넣고 만들 수 있는 김밥이다. 잘라 놓은 모양이 샌드위치와 비슷하다고 해서 밥 샌드위치라고 또는 밥버거라고도 부르고 있다. 김밥처럼 좋아하는 재료에 따라 다양하게 만들 수 있다는 것이 장점으로 호불호가 거의 없는 요리이기도 하고 스타일링을 쉽게 해 볼 수 있어 예비 푸드 스타일리스트들에게 권하고 싶다.

스타일링 팁

밥샌드위치, 네모 김밥, 밥버거 등의 단어는 생각만 해도 도시락이 연상된다. 스타일리스트들은 음식 메뉴를 들으면 순간의 느낌을 메모한다거나 자료를 검색해서 음식과 어울리는 스타일링을 조합해야 한다.

이 사진에서는 피크닉 도시락을 연상하였고 소품의 구성을 살펴보면 바구니의 가벼운 도시락과 원형의 귀여운 도시락을 메인이 되는 네모 김밥과 어울리도록 조합하였다. 보자기를 사용하여 감성을 나타내었고 김밥의 색상과 주변에 놓여진 소품으로 쓰여진 과일들의 색감이 발랄하게 연출되도록 톤인톤의 배치를 응용하여 스타일링하였다.

레시피

• **재료**

밥 2공기, 김밥 김 3장, 깻잎 6장, 소불고기 200g, 당근 1/2개, 소금 약간, 참기름 약간, 달걀 3개

(소불고기 양념 재료)

간장 2큰술, 다진 마늘 1큰술, 설탕 1큰술, 참기름 1/2큰술, 후추 약간

1 볼에 양념을 모두 넣어 섞고 소불고기를 30분간 재워 준다.

2 달걀에 소금을 넣고 잘 저어준 후 지단을 부쳐 준다.

3 밥에 소금, 참기름으로 밑간한다.

4 당근은 5cm 길이로 채를 썰고, 달걀지단은 사방 7cm로 썰어 준다.

5 당근에는 소금을 넣어 볶고, 소불고기도 볶아 준다.

6 김에 밥– 깻잎– 계란– 불고기– 당근– 깻잎– 밥을 올리고 네모 모양으로 싸서 랩으로 감싸 준다.

7 랩을 풀고 김밥을 반으로 썰어 준 뒤 통에 담아 준다.

3

4

5

6

프렌치토스트

요리 소개

프렌치토스트는 서양에서 예로부터 남은 빵을 활용하기 위한 목적으로 우유와 달걀에 딱딱해진 빵을 적셔서 버터에 구워 낸 후 꿀이나 잼, 과일소스 등과 곁들여 먹는 요리로 '또 다른 달콤한 음식'이라는 의미가 있다. 그 이름에 관해서는 다양한 설이 있는데 프렌치토스트는 1742년 뉴욕의 요리사 조셉 프렌치(Joseph French)가 만든 음식으로 그의 이름을 붙여 프렌치토스트가 되었다는 설과 북미 지역으로 이주한 프랑스인들이 만든 요리라는 설이 있다. 만드는 방법이 쉬운 편이며 완성된 모습도 예뻐서 만족도가 높은 음식이라 할 수 있다.

스타일링 팁

프렌치토스트의 색감과 어울릴 수 있는 과일들과 함께 세팅하였다. 프렌치토스트가 버터에 구워진 색감에서 고소함과 달콤함이 느껴져 바나나의 색도 달콤함을 강조하기 위해 토치로 살짝 구워 주었고 복숭아와 접시에 놓인 음식들이 하나의 그룹으로 보이도록 블루베리를 이용하여 연결시켰다. 접시에 놓인 음식에만 집중되도록 바닥재와 패브릭의 색은 흰색으로 통일하였고 흰색의 슈거 파우더를 이용하여 두 접시 사이를 연결시켰다. 오롯이 접시에 놓인 음식으로만 시선이 가도록 하였다. 음식 자체가 화려하게 보일 때는 주변의 소품을 최대한 절제하고 음식이 돋보일 수 있도록 집중해야 한다.

레시피

• **재료**

바게트빵 또는 식빵 4쪽, 우유 1컵, 달걀 2개, 설탕 1/4컵, 버터 2큰술, 소금 약간, 시나몬 가루 약간, 슈거 파우더 약간, 과일잼 2큰술, 제철 과일

1 넓은 사각볼에 우유, 설탕, 달걀, 소금을 넣은 후 잘 섞어 준다.

2 바게트빵, 식빵을 달걀물에 1~2시간 정도 담가 적셔 준다.

3 팬에 버터를 두르고 바게트빵을 올려 약불에서 5분씩 앞뒤로 익혀 준다.

4 빵 위에 설탕을 뿌리고 진한 갈색이 나타날 때까지 익혀 주다가 시나몬 가루를 뿌려 준다.

5 잘 구워진 프렌치토스트를 접시에 옮긴 후 과일잼을 바르고 과일을 올린 후 슈거 파우더로 장식한다.

돈까스 샌드위치

요리 소개

식빵 안에 돈까스와 양배추나 오이 샐러드를 넣고 돈까스 소스를 곁들인 음식이다. 돈까스 한 접시가 그대로 샌드위치 속으로 들어간 형태로 든든하고 이색적인 맛이 특징이다. 피크닉 아이템으로 거칠고 딱딱한 표면의 돈까스가 아니라 부드럽고 포근한 식빵이 먼저 눈에 들어 오게 된다. 식빵을 붙인 돈까스라고 하며 식빵의 맛과 돈까스의 맛이 어우러져 맛의 조화를 느끼게 된다.

스타일링 팁

이번 스타일링은 피크닉 아이템으로 샌드위치라는 음식이 주는 느낌을 최대한 살려 보는 것이다. 앞서 보았던 네모 김밥도 도시락이라는 느낌이 연상되듯이 샌드위치도 네모의 형태에서 피크닉 도시락 분위기가 느껴지고 있다. 음식을 받쳐 주는 패브릭의 색상이 매우 과감하게 놓여져 있는데 돈까스 샌드위치의 색감이 단순하고 차분하여 주변 소품의 색상으로 발랄함을 연출하였다. 상단 부분 나뭇잎의 색상인 진한 초록과 빨간 딸기의 색상도 같은 채도로 조금은 강해 보일 수 있지만 전체적으로 상쾌함과 발랄함의 조화를 표현한 것이다. 소품의 색상이 메인 음식을 흐트러뜨리지 않은 것은 소품과 음식의 통일감을 네모로 표현하여 산만함을 없앴기 때문이다.

레시피

• 재료

돼지 등심 2장, 식빵 4장, 오이 1/2개, 달걀 1개, 양배추 1줌, 식용유 2컵, 밀가루 3큰술, 빵가루 약간, 소금 약간, 후추 약간, 마요네즈 3큰술, 케첩 1큰술, 돈까스 소스 2큰술

1. 등심에 칼집을 내어 준 후 소금, 후추로 밑간을 해 준다.
2. 양배추는 채 썰고, 오이는 납작 썰기 한다.
3. 밑간해 둔 고기에 밀가루– 달걀– 빵가루 순으로 묻혀 준다.
4. 170도에서 고기를 노릇노릇하게 튀겨 준다.
5. 채 썬 양배추에 마요네즈와 케첩을 각 1큰술씩 넣고 버무려 준다.
6. 마요네즈 2큰술을 식빵에 잘 펴 발라 준다.
7. 그 위에 양배추 샐러드를 올려 준다.
8. 그 위에 돈까스와 오이를 차례로 올려주고 식빵으로 덮어 준다.

2

3

6

7

토마토 냉 파스타

요리 소개

토마토는 파스타를 대표하는 음식이며, 이탈리아 요리 전체를 대표하는 이미지로 여겨진다. 파스타의 고향인 나폴리에서 파스타는 가난한 사람들이 먹는 길거리 음식으로 삶은 파스타에 치즈 가루만 뿌려 맨손으로 먹었다. 1839년쯤 토마토를 만나게 되어 토마토 소스를 얹은 파스타는 나폴리의 귀족이었던 카발칸티(Cavalcanti)가 펴낸 저서에 등장하면서 '토마토를 얹은 파스타 한 그릇'을 주문하게 되었다. 파스타와 토마토의 만남으로 파스타 요리는 매우 다양해지고 식생활에도 변화를 가져오게 되었다. 여름철에 차갑게 먹을 수 있는 토마토 냉 파스타는 가벼운 한 끼로 상큼한 토마토의 예쁜 색깔이 돋보여 눈으로 먼저 먹게 되는 간단한 요리다.

스타일링 팁

푸드 스타일링에서 가장 중요한 것은 주인공이 되는 음식 주변을 어떻게 스타일링할 것인가다. 메인 메뉴와 어울리거나 그 메뉴에 사용되었던 식재료와 비슷한 색감으로 스타일링을 하면 좋은 연출을 할 수 있다. 파란색은 음식 스타일링에서 자주 사용되지는 않지만 차가움이나 산뜻함을 연출할 때 소품으로 활용한다. 냉 파스타가 주는 느낌을 살려 그릇의 패턴도 파란색이 들어 있는 것을 선택하였고 파란색의 패브릭을 길게 늘어트리고 바닥재인 그레이톤이 파란색을 보완하여 전체적으로 세련미와 조화로움이 느껴지도록 연출하였다. 스타일링은 메인 메뉴와 주변의 소품들 그리고 주변의 색감들이 잘 어우러지는 조화로움이 있어야 그 효과가 크게 나타날 수 있다.

레시피

• **재료**

숏 파스타 면 300g, 방울토마토 8개, 새우 4마리, 어린잎 채소 약간, 파마산 치즈 약간

• **드레싱 재료**

올리브유 7큰술, 레몬즙 3큰술, 다진 마늘 1큰술, 양파 다짐 2큰술, 소금 약간, 후추 약간, 바질 가루 약간

1 새우는 끓은 물에 살짝 데친 후 손질해 준다.

2 볼에 드레싱 재료를 모두 넣고 골고루 섞은 후 냉장고에 보관해 준다.

3 토마토는 반으로 썰고, 어린잎 채소는 깨끗이 손질한다.

4 끓는 물에 소금을 넣고 숏 파스타 면을 취향에 따라 삶아준 후 찬물에 헹구고 물기를 빼 준다.

5 숏 파스타 면과 토마토, 새우를 넣고 드레싱에 버무려 준다.

6 접시에 냉 파스타와 어린잎 채소를 보기 좋게 올리고 치즈 가루를 뿌려 준다.

3

4

5

감자수프

요리 소개

수프(Soup)는 끓는 물에 채소나 육류, 어패류 등을 이용해 삶아 낸 후 그 육수로 만든 국물 요리다. 보통 맑은 수프나 걸쭉한 수프를 만들어 먹는데 프랑스에서는 맑은 수프를 부용(bouillon), 콩소메(consommé), 걸쭉한 수프를 포타주(potage)라 부른다. 한국에서는 서양식 수프라 하면 보통 포타주를 말한다. 수프를 만들 때 퓌레나 루를 넣는 양에 따라 걸쭉한 정도가 달라진다.

크림에 버터를 넣어 끓이기도 하고 쌀가루나 밀가루, 곡류를 이용해서 많이 만든다. 인스턴트 수프(Portable soup)는 18세기쯤 양념을 한 고기를 끓여서 말린 후 오랫동안 저장할 수 있는 방법을 고안하면서 출현하게 되었다.

스타일링 팁

감자수프의 색감을 조금 진하게 보이고자 주변 패브릭의 색상을 수프의 색보다 강하게 깔아 주었다. 따뜻한 수프의 온기를 전하고자 전체적인 분위기는 따뜻한 계열의 색으로 톤을 맞추었고 수프를 강조하기 위해 토핑을 얹어 집중시켰다.

레시피

- **재료**

감자 3개, 양파 1개, 생크림 1컵, 치킨스톡 큐브 1/2개, 파마산 치즈 2큰술, 베이컨 2줄, 파슬리 1작은술, 버터 1큰술, 소금 약간, 후추 약간

1 감자는 껍질 제거 후 물에 삶아 으깨고, 양파는 잘게 다지고, 베이컨은 1.5cm로 썰어 준다.

2 냄비에 버터를 녹이고 양파를 볶다가 감자와 생크림을 넣고 끓여준다. 감자 삶은 물에 치킨스톡을 넣고 끓여 준다.

3 베이컨을 바삭하게 구워 준다.

4 수프의 농도가 걸쭉해지면 파마산 치즈와 소금, 후추로 간을 한다. 접시에 옮겨 담은 뒤 구운 베이컨과 다진 파슬리를 뿌려 준다.

라타투이 연어 스테이크

요리 소개

다양한 채소들을 잘 섞어 조리하여 만든 음식으로 프로방스의 방언 라타톨라(ratatolha), 프랑스어 투이예(touiller)에서 비롯된 말이다.

라타투이의 탄생은 18세기로 추정된다. 초반에는 여러 채소를 섞어 놓은 투박하고 맛없는 스튜에 지나지 않았고, 오늘날과 같은 레시피가 알려진 것은 20세기에 들어서이다. 프로방스 지역뿐만 아니라 프랑스 전역에서 즐겨먹는 요리로 자리 잡은 라타투이는 쉽게 구할 수 있는 제철 채소로 간단하게 만들 수 있다. 라타투이는 메인 요리에 사이드 디시로 곁들여 나오기도 하고 전채 요리나 가벼운 식사로 먹기도 한다. 사진은 구운 연어에 사이드 디시로 나온 모습이다.

라타투이는 관광객을 통해 전 세계로 알려지기도 하였지만 2007년 월트 디즈니가 만든 동명의 애니메이션 영화가 유명해지면서 라타투이가 라스트신에 소개되면서 본격적으로 알려지게 되었다.

스타일링 팁

전체적으로 동일 색상으로 균형을 맞추어 오롯이 접시 안에 담겨있는 요리에만 시선을 끌도록 했다. 접시의 색상, 주변의 작은 소품들, 리넨의 색상을 동일 색으로 연출하고 구워진 연어와 채소들의 색감이 한눈에 들어오도록 하여 정갈함을 연출하고 음식이 주는 정보에 집중시킨 사례다.

레시피

- **재료**

연어(스테이크용) 200g, 노란 파프리카 1/2개, 빨간 파프리카 1/2개, 주키니 호박 1/2개, 가지 1/2개

- **양념재료**

토마토페이스트 1통, 말린 바질, 말린 오레가노, 버터, 설탕, 소금, 후추, 화이트와인

- **향신채재료**

로즈마리 잎, 파슬리 가루, 오레가노 가루

1 라타투이 야채를 사방 2X2cm 크기로 썰어 준다.

2 연어는 소금, 후추, 로즈마리로 간을 한다.

3 달군 팬에 오일을 두르고 파프리카– 주키니 호박– 가지 순으로 볶아 준다.

4 소스 양념을 섞은 후, 볶은 야채에 뿌리고 양념이 잘 베이도록 볶아 준다.

5 달군 팬에 버터를 녹인 뒤 약불에서 연어를 앞뒤로 익혀 준다.

6 접시에 라타투이와 연어 스테이크를 담아내고 오레가노 가루와 파슬리 가루를 뿌려 준다.

오삼불고기

요리 소개

오징어와 돼지 삼겹살을 매콤한 고추장 양념으로 볶은 요리로 담백하고 매콤한 맛이 식욕을 자극하여 사람들에게 인기있는 요리다. 강릉 지역에서 즐겨 먹는 음식으로 동해안과 인접해 있어 이곳에서 잡은 오징어와 이 지역에서 사육한 돼지고기의 삼겹살을 주재료로 이용하여 만든 음식이다. 쫄깃한 오징어와 삼겹살의 식감이 좋아 밥반찬이나 술안주로 먹는 음식으로 많이 알려져 있다.

스타일링 팁

음식이 담긴 접시의 색상에 맞추어 주변의 배경 색감을 그라데이션 배색으로 자연스러움을 표현하였다. 바닥재와 패브릭을 이용하여 3단계로 점점 자연스럽게 진해지면서 마지막에는 색이 가장 진한 접시에 시선이 가도록 하였다.

자연스러움과 조화로움을 보여 주었고 인체의 일부분인 손을 사진 안에 들어오게 하여 실제 식사가 이루어지고 있는 느낌을 나타내어 식욕을 더 이끌어 내는 효과를 주었다.

레시피

• **재료**

오징어 1마리, 삼겹살 300g, 양파 1/2개, 당근 1/4개, 대파 1/2대, 청고추 1개, 쪽파 다짐 약간

• **양념 재료**

고춧가루 4큰술, 고추장 2큰술, 간장 2큰술, 맛술 2큰술, 액젓 1큰술, 다진 마늘 1큰술, 설탕 2큰술, 후추 약간

1 삼겹살과 오징어는 손질 후 먹기 좋은 크기로 썰어 준다.

2 양파는 굵게 채썰기, 당근은 납작 썰기, 대파와 고추는 어슷썰기한다.

3 양념 재료를 모두 섞어 준다.

4 달군 팬에 삼겹살을 넣고 익히다가 삼겹살이 전체적으로 익으면 오징어와 양파, 당근을 넣어 함께 볶아 준다.

5 양념장과 대파, 청고추를 넣고 양념이 잘 섞이도록 볶아 준다.

6 그릇에 옮겨 담고 쪽파 다짐을 뿌려 준다.

1

2

4

5

두부김치

요리 소개

잘 익은 김치에 돼지고기를 잘게 썰어 기름에 함께 볶아 주고 따끈하게 데운 두부를 곁들여 먹는 음식으로 두부의 온화한 맛과 매콤하고 아삭한 김치볶음의 맛이 조화를 이룬다.

두부는 사찰음식으로 전해진다. 식물성 단백질로 만든 음식이라 절간 음식으로 많이 이용되었기 때문이다. 소문난 두부에는 연도사 두부, 봉선사 두부 등 절의 이름을 붙여서 사용되는 경우가 많았다.

문헌을 보면 우리나라의 두부 가공법은 다양했으나 안타깝게 계승, 발전되지 못하고 '손두부'만 옛날 맛으로 인식되고 있다.

스타일링 팁

하얀색의 두부와 빨간색 김치의 조합은 식욕을 자극하는 색감이다.

접시의 형태를 사각형으로 선택함으로써 단아함과 차분함을 나타내어 한국의 음식을 깔끔하고 세련미가 돋보이게 연출하였다. 특히, 질그릇이 주는 느낌은 소박하면서도 정감 있어 음식의 맛을 자연스럽게 연상할 수 있다. 사각 접시와 한국 음식이 잘 어울리는 조합이라고 할 수 있다.

레시피

• **재료**

삼겹살 300g, 김치 200g, 두부 1모, 양파 1개, 대파 1대

• **양념재료**

고추장 1큰술, 고춧가루 1큰술, 간장 1큰술, 물엿 1큰술, 설탕 2큰술, 생강가루 1작은술, 다진 마늘 1큰술

1 양파는 채썰기, 대파는 어슷썰기 한다.

2 잘게 썬 김치와 고기를 준비한다.

3 양념 재료는 모두 섞어 준다.

4 두부는 끓는 물에 데쳐서 준비한다.

5 달군 팬에 고기를 먼저 볶다가 김치를 넣고 볶아 준다.

6 볶아진 고기와 김치에 대파와 양파를 넣고 야채가 익을 때까지 볶아 준다.

7 두부를 먹기 좋게 자른 후 그릇에 예쁘게 담아낸다.

육개장

요리 소개

우리나라에서는 예로부터 삼복더위를 이기기 위해서 먹는 보양식인 복중 음식이 발달하였다. 더위가 기승을 부리는 복날에는 더위를 먹지 않고 기운을 보충하며 질병을 쫓기 위해 삼계탕이나 개장국(보신탕), 육개장, 민어탕, 콩국 등이 손꼽히는 복중 음식이다.

육개장은 원래 서울의 향토 음식이지만 유난히 무더운 대구 지역에서 이열치열의 여름 나기 방법으로 즐겨 먹었다. 무더운 여름에 땀을 흘리며 뜨거운 육개장을 먹는데 이때 흘리는 땀은 체내에 축적된 불필요한 노폐물이나 분비물을 밖으로 배설하고 혈액순환을 도와주어 온 몸이 개운해짐을 느낄 수 있다. 지금은 복중뿐만이 아니라 사철 즐겨 먹는 음식으로 손꼽히고 있다.

스타일링 팁

육개장은 보양식이니 전체적인 느낌을 차분함과 묵직함으로 연출하였다.

따로국밥이란 말도 있어 육개장 옆에 밥도 어울리게 세팅하고 유기 수저 세트를 함께 놓아 전체적으로 한식이 주는 분위기를 단아함과 따스함으로 표현하고자 하였다. 바닥이 주는 그레이 톤의 묵직함이 음식을 더 돋보이게 하고 안정감을 준다.

레시피

- **재료**

양지머리 500g, 삶은 고사리 100g, 토란대 100g, 삶은 숙주 100g, 대파 5대

- **양념 재료**

고춧가루 2큰술, 국간장 1큰술, 소금 1/2큰술, 다진 파 2큰술, 참기름 1큰술, 후추 약간

- **향신채 재료**

대파 잎 2대, 양파 1대, 마늘 6개, 다진 생강 1큰술, 맛술 1큰술

1 양지머리는 찬물에 담가 핏물을 빼준 후 물을 넉넉히 넣고 향신채 재료와 함께 1시간 정도 푹 삶아 준다.

2 삶은 고기를 결대로 찢어 주고, 국물을 식혀서 향신채와 기름을 제거하고 그 국물만 따로 냄비에 받아 끓여 준다.

3 대파는 10cm 길이로 썰고 삶은 고사리, 숙주, 토란대는 먹기 좋은 크기로 썰어 준다.

4 냄비에 양지고기, 대파, 고사리, 숙주, 토란대를 담고 양념 재료와 버무린 후, 끓여 놓은 국물에 넣고 한소끔 끓여 준다.

5 고추기름을 넣고 국간장이나 소금으로 간을 한다.

3

4

5

감자조림

요리 소개

일본식 감자조림으로 일본 특유의 조미료를 넣어 양념한 국물이 있는 조림요리다. 소고기나 돼지고기, 닭고기를 넣어 감자와 조림으로 만들어 먹는데 고기를 넣지 않고 제철 재료와 감자만으로 요리하기도 한다.

고기, 감자, 양파, 당근 등을 기름에 볶은 후, 양념 소스로 조려 만든 음식으로 일본 가정에서 일반적으로 먹는 음식이다. 다양한 종류의 채소를 활용하고 특히, 일본 가정식을 요리할 때 지역 특산물이나 제철 식재료를 사용하는 것을 매우 중요하게 생각한다. 일본의 가정식은 절제되고, 자극적이지 않는 맛을 추구하며 식재료 본연의 맛을 살리는 단순한 요리법으로 정갈하고 소박한 형태로 차려지게 된다.

스타일링 팁

가정식 요리에 분위기를 맞춰 편안함과 따스한 온기를 느끼도록 스타일링을 하였다. 크고 작은 원형의 그릇과 트레이, 식재료인 동그란 감자까지도 원형을 이루었지만 전체적으로 비대칭 균형을 이루게 스타일링을 하여 재미와 리듬감을 표현하였다. 옹기종기 모여 볼륨감과 덩어리감을 느끼게 하며 산만하지 않고 안정감 있게 연출하였다.

레시피

• **재료**

감자 3개, 양파 1개, 무 150g, 꽈리고추 8개, 마늘 4쪽, 당근 1/2개

• **양념**

간장 6큰술, 설탕 1큰술, 맛술 2큰술, 쯔유(일본식 간장) 1큰술, 다시마 육수 2 1/2컵

1 감자, 무, 당근은 큼직하게 썰어 모서리 돌려 깎기, 양파 큼직하게 썰기, 마늘은 편 썰기 해 준다.

2 냄비에 식용유를 두르고 감자, 당근, 무를 살짝 볶아 기름에 코팅시켜 준다.

3 볶아진 재료 위에 조림 양념을 넣고 끓여 준다.

4 재료가 끓으면 중불로 줄여 꽈리고추, 마늘, 양파를 넣고 국물이 반 정도 남을 때까지 졸여 준다.

1

2

3

4

CHAPTER

10

푸드 스타일링과 카메라의 관계 이해하기

CHAPTER 10
푸드 스타일링과 카메라의 관계 이해하기

푸드 스타일링은 특정 재료를 가지고 다양한 조리, 장식, 창작 등의 작업을 활용하며 고객의 심리를 자극하여 실제 소비행동으로 이어질 수 있도록 보조하는 과정을 지칭한다. 이와 같은 과정을 소비자가 실제 참여를 통해서 관찰할 수 있는 기회는 매우 제한적이며 많은 소비자가 다양한 영상을 통해서 인지하게 되는 음식의 모습은 이미지화된 결과물이다. 즉, 소비자의 선택을 받기 위해서는 이미지화된 결과물을 어떻게 제작할 것인가에 대한 깊은 고민이 있어야 한다.

이미지화된 결과물을 얻을 수 있는 여러 영상 도구들이 있으나, 편리하고 쉽게 접근할 수 있는 영상 도구는 카메라다. 카메라는 특정 물체에서 반사된 빛이 카메라의 렌즈를 통해서 상(像, formation)을 형성한다. 빛과 렌즈는 카메라의 가장 기본 요소라고 할 수 있다.

카메라에는 다양한 기능이 있으나 푸드 스타일링 작업에 필요한 수준의 용어와 작동 방법에 국한하여 설명하고자 한다.

휴대폰 카메라로 푸드 스타일링을 촬영할 수 있을까?

가능하다. 충분히 원하는 음식을 화면의 구도에 노출시킨 후 촬영하면 되고 휴대가 편하기 때문에 유용하다.

다만, 거리감을 두고 음식 사진을 찍고 싶을 때는 다소 어려움이 있다. 또한 아이스크림이나 케이크 위에 토핑으로 떨어지는 연유나 슈거 파우더의 속도감을 휴대폰으로 촬영을 하는 데도 한계가 있을 것이다.

디지털 카메라로 푸드 스타일링을 촬영할 수 있을까?

가능하다. 디지털 카메라는 휴대폰과 동일한 기능을 가지고 있다. 용량이 충분하다면 현장에서 다양한 각도로 엄청 많은 사진을 촬영할 수 있다. 디지털 카메라도 소형화되어서 휴대하기에 용이하다. 그렇다면, 휴대폰 카메라가 찍기 힘든 속도감과 스피드를 디지털 카메라로 잡아낼 수 있을까?

디지털 카메라에는 두 가지 종류가 있다.

미러리스(Mirrorless) vs. DSLR

미러리스(Mirrorless) 디지털 카메라는 단어가 의미하는 바와 같이 카메라에 거울(Mirror)이 없다(Less). 미러리스 카메라의 장점은 카메라가 물체에 대하여 자동으로 초점(Auto Focus: AF)을 맞추어 주기 때문에 어려운 조작을 할 필요가 없다. 즉, 디지털 카메라를 푸드 스타일링 작품에 대고 셔터(shutter)를 누르기만 하면 카메라가 영점을 자동으로 잡아주면서 연속으로 촬영할 수 있어 매우 훌륭하다. 결과적으로, 초급 단계에서는 미러리스 카메라를 사용하는 게 DSLR 카메라에 비해서도 수월하다.

DSLR 디지털 카메라의 장점은 무엇일까? 렌즈를 사용할 수 있는 것이 가장 큰 장점이다. 거리감과 속도감을 해결할 수 있는 것이 휴대폰 카메라 & 미러리스 디지털 카메라가 가지고 있지 않은 특성이다. 미러리스 카메라도 렌즈를 교환할 수 있도록 개선되고 있으나 DSLR 카메라의 수준에는 못 미친다.

위의 특성들을 고려하여 푸드 스타일링 작업에 적합한 카메라를 선택하면 된다. 추가적으로 DSLR 카메라를 사용하려면 반드시 이해해야 하는 3가지 요소에 대해서 간략하게 설명하였다. 노출 3요소라고 지칭하며 조리개, 셔터 그리고 감도가 여기에 해당된다.

1. 조리개(Aperture)

조리개는 카메라 렌즈를 얼마만큼 열었는지 또는 닫았는지를 설명하는 용어다. 기본적으로 렌즈를 닫으면 빛이 카메라로 들어오는 양이 적어진다. 동그라미 원 모양이 클수록 빛을 더 많이 받을 수 있게 되고, 밝은 사진의 이미지를 만들 수 있다.

조리개는 영어 F로 표기한다. 애매한 것은 F의 숫자가 작을수록 빛이 더 많이 들어오며 노출이 많아진다고 표현한다.

렌즈의 성능에 따라서 f1.4, f2.0, f2.8, f4.0, f5.6, f8.0, f11, f16 이렇게 표기하며, 낮은 f 값일수록 사진은 밝게 형상화된다. 반면에 f값이 높을수록 사진은 어둡게 나타나게 되는데, 높은 f값일수록 초점을 맞춘 물체는 밝게 나타나며 주변의 물체는 흐릿하게 형상화된다. 이러한 작업을 아웃포커싱(out-focusing)이라고 한다. 즉, f값을 높이면 원하는 물체에만 초점을 맞추고 주변 물체는 흐릿하게 처리되는 것을 일컫는다.

조리개를 f로 표기하는 것은 조리개 값을 계산할 때 f값을 사용한다고 하며 대문자 F는 조리개 값을 지칭하고, 소문자 f는 초점거리를 나타낸다.

참고로, f값이 낮을수록 가격은 비싼 편이다.

F 2.8

F 5.0

F 13

사진 94 f값에 따른 사진의 차이

2. 셔터(Shutter)

셔터는 고정된 물체를 촬영할 때 거의 인지하지 못한다고 할 수 있다. 스피드를 지칭하는 용어로 움직이는 물체를 촬영할 때 매우 유용한 조작 도구다. 예를 들어, 느긋하게 걸어가는 사람을 사진에 담는다고 가정하고, 카메라를 누른 후 확인해 보면 사람의 형체가 불분명하게 나타난다. 또는 밤하늘에 떠있는 별이나 야간의 도심 불빛을 촬영하고 싶은데 아무리 노력해도 흐릿한 결과물밖에 얻지 못하는 것은 카메라의 셔터와 관련성이 높다. 달려가는 사람을 찍고 싶거나, 푸드 스타일링에서 디저트 위에 슈거 파우더를 뿌리는 모습을 찍고 싶다면 셔터 작동 방법을 이해할 필요가 있다.

셔터 스피드는 1.0", 20", 30", 1/60, 1/250, 1/4000 로 표기하며 " 는 초를 나타내는 기호로 1초, 20초, 30초, 60분의 1초, … 라고 이해하면 된다. 카메라 셔터를 누르면 찰칵 소리를 내는데, 1초 단위로 즉, 초의 숫자가 많아질수록 찰칵 소리는 차~알~칵과 같이 셔터가 느리게 작동한다. 느리게 작동하는 것을 장노출이라고 한다. 오랫동안 빛에 노출하여서 촬영을 한다는 의미다. 장노출은 빠른 움직임을 포착하려고 할 때 사용한다.

셔터가 느릴수록 사진은 밝아지게 되지만 흔들거림이 발생한다. 사람이 카메라를 들고 움직임 없이 얼마나 유지할 수 있을까? 자신은 움직이지 않는다고 할지라도 사진을 찍고 난 후 촬영된 영상을 확인하면 흐릿한 이미지가 확연하게 나타난다. 그래서 장노출을 기획하는 푸드 스타일링의 경우에는 삼각대를 사용하여야 움직임을 최소화할 수 있다.

셔터 스피드가 느릴수록 노출이 많아지면서 사진은 밝아진다. 셔터 스피드가 빠를수록 사진은 흔들리지 않는다.

S : 1/40
ISO : 200
F : 2.8

S : 1/20
ISO : 200
F : 2.8

S : 1/10
ISO : 200
F : 2.8

사진 95 셔터 스피드에 따른 사진의 차이

3. 감도(ISO - International Organization for Standardization)

감도는 빛에 대한 민감 정도라고 한다. iso 100, iso 200과 같이 표기를 하는데, 숫자가 높을수록 사진은 밝아지지만, 화질은 안 좋아진다. 화질이 안 좋아지는 것을 노이즈(noise)라고 표현하는데, 사진은 밝은 데도 불구하고 선명성이 떨어지는 것을 확인할 수 있다. 가급적 낮은 감도(iso 100 or 200)에서 촬영을 하게 되면 높은 선명도를 획득할 수 있다.

S : 1/40	S : 1/20	S : 1/10
ISO : 200	ISO : 200	ISO : 200
F : 2.8	F : 2.8	F : 2.8

사진 96 감도에 따른 사진의 차이

위 노출의 3요소를 이해하면 DSLR 카메라를 가지고 푸드 스타일링 작업을 진행해도 괜찮다. 추가적으로, 카메라에는 자동모드(Auto)가 존재하는데, 자동으로 설정하면 위의 3요소는 카메라가 인식하는 대로 설정되고 촬영이 진행된다. 자동모드를 사용할 계획이면 위 노출의 3요소는 굳이 필요하지 않다. 위 3요소는 푸드 스타일리스트가 수동으로 작품을 촬영하고자 할 때 필요하다.

수동으로 카메라를 조작할 때도 추가적인 노력이 필요하다. 조리개 모드, 셔터 스피드 모드, 프로그램 모드 그리고 수동모드로 구분되어 있다. 각 모드의 차이점은 조리개 우선 모드로 설정하면, 카메라의 나머지 요소가 자체적으로 물체를 인식하고 설정하게 된다. 또한 셔터 스피드 모드로 설정하면 나머지 요소에 대하여 카메라가 자동으로 인식하여 설정한다.

위와 같은 카메라 조작 방법은 지속적으로 연습하다 보면 형상화된 사진을 구별할 수 있게 되고 조금씩 변화를 가미하면서 푸드 스타일리스트 자신만의 방식을 찾게 된다.

요약하면,

조리개를 열수록 (숫자가 낮을수록) 사진은 밝아진다
셔터가 느릴수록 (분수 단위가 아니고 높은 숫자일수록) 사진은 밝아진다
감도를 올리수록 (iso 숫자가 높을수록) 사진은 밝아진다.

*하나의 요소 값이 내려가고 다른 요소의 값을 올리면 동일해지며, 어려운 부분은 실습하면서 차근차근 배우면 좋겠다.

4. 사진의 황금 비율

푸드 스타일링에 입문하는 분들에게서 항상 받는 질문이 있다. 바로 '재료를 어떻게 배치해야 할까?' 즉, 어떤 구도를 형성해야 하는지에 대한 것이다.

가장 기초적인 구성은 스타일링하고자 하는 재료들을 무작정 이리저리 옮겨 보는 것이다. 푸드 스타일링의 구도에 얽매이지 않고 특정 모형, 질감 등을 원하는 방향에 따라서 배치하다 보면 본인만의 스타일이 생기게 된다.

사진의 구도에서 가장 기초적으로 활용되는 용어는 '황금분할'이다. 황금분할은 사진을 보는 사람에게 가장 안정감과 편안함을 줄 수 있도록 구성된 비율이라고 할 수 있다. 비율로 1 : 1.618이라고 정해져 있는데, 대표적으로 A4 인쇄용지를 연상할 수 있으며, 가로와 세로의 구성이 210x297mm이다. 완벽한 황금분할은 아니지만, 대략 1 : 1.4 정도의 비율이다.

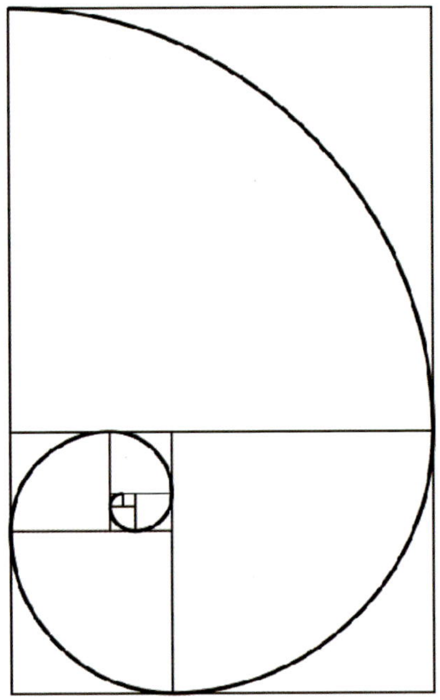

사진 97 황금 비율

사진 98

CHAPTER

11

푸드 카빙(FOOD CARVING)

CHAPTER 11

푸드 카빙(FOOD CARVING)

카빙은 야채나 과일을 이용하여 특정 모양을 만드는 과정을 지칭한다. 미술 시간에 판화 작업을 하였던 것과 유사하다고 할 수 있다. 다만, 푸드 카빙은 실제 음식 재료를 가지고 작업을 하는 점이 다른 것일 뿐이며 작업과정은 거의 유사하다. 카빙의 주요 용도는 메뉴에 대한 보조 역할로써 쉐프나 푸드 스타일리스트가 나타내고자 하는 주제를 강조해 고객의 만족감을 상승시킨다.

카빙에 사용되는 음식 재료는 제한이 없다고 할 수 있다. 음식에 사용되는 야채나 과일은 모두 카빙의 재료로 사용할 수 있으며, 스타일리스트의 창작성에 따라서 다양한 모양을 연출할 수 있다. 기초적인 단계에서부터 고도의 기술이 필요한 고급 단계에 이르기까지 간단하면서도 복잡한 과정이 존재한다. 여기에서 다루는 카빙 기술은 기초에 해당되지만 연습을 겸해야 한다.

1. 카빙 나이프

음식을 조리할 때 사용하는 칼을 샤토 나이프(Chateau Knife) 또는 페어링 나이프(Pairing Knife)라고 한다. 샤토는 프랑스에서 시작되어 영어화된 단어로 가늘고, 뾰족한 모양의 칼을 지칭한다. 두 나이프의 차이는 없다고 봐도 무방하며, 카빙 작업에 필요한 나이프는 크기가 짧고, 가늘면서 뾰족함이 있으면 적절하다. 한국에서 과도(果刀)라 하여 과일 깎는 칼을 사용할 수 있으나, 칼의 옆면이 넓으면 세심한 카빙 작업을 하는 데 어려움이 있다.

카빙 나이프는 일반 부엌칼을 사용하는 방식과 다르게 접근한다. 부엌칼의 가장 큰 용도는 음식의 재료를 써는 데 적합한 형태로 손잡이 부분을 손가락의 3, 4, 5번으로 감싸 주고 엄지와 검지로 부엌칼의 양면을 잡아 주는 것이 정석이다. 하지만, 카빙 나이프는 음식의 재료를 썰 뿐만 아니라 모양을 잡고 선을 그리며 그 모양을 뜨는 용도로도 사용된다.

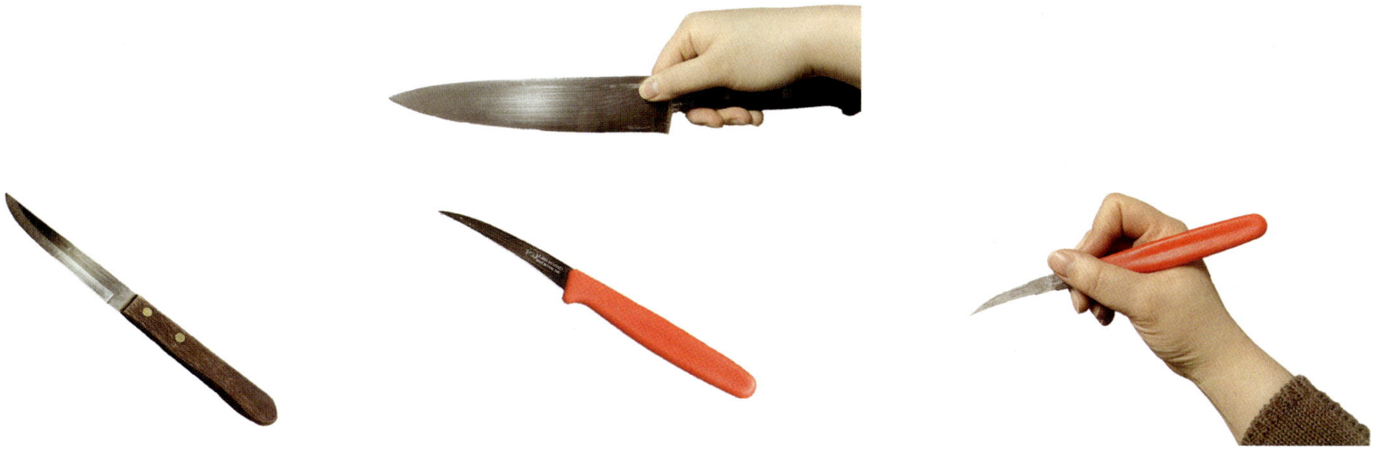

사진 99 카빙 초급

작은 종류의 기본적인 카빙 나이프, 일반적으로는 샤토 나이프를 사용하게 되는데, 샤토 나이프를 이용한 화면에 키위 혹은 레몬 등을 모양내어 깎는 방법, 그리고 사과, 주키니 등을 이용하여 새를 형상화한 모양을 깎는 방법 등을 설명하였다. 기초 카빙 과정을 통해서 배운 작은 조각 혹은 장식을 만드는 과정은 음식의 장식 즉, 가니쉬를 만드는 데 있어 다양한 선택권을 준다.

기본적으로 조리를 배우게 되면 셰프 나이프 사용 스킬을 연습하기 위해 부드러운 질감의 야채인 대파, 당근, 무 등을 이용하여 연습한다. 조리 시 손질하는 야채의 크기에 따라 음식의 조리 시간과 식감이 달라지기 때문에, 같은 크기의 야채를 균일하게 만들어 내는 것이 서양조리의 기초가 된다.

카빙을 하고 난 뒤에 얼음물에 담가 두면 일반적으로 재료가 수축하게 되며, 자른 모양이 말려서 더 풍성하게 보일 수 있는 효과와 더불어 아름다운 모양을 보이게 된다. 카빙을 하고 난 후에는 얼음물에 30분 이상 담가 놓았을 때 가장 이상적인 모양을 보이게 된다고 볼 수 있다.

2. 기초 단계

기초 단계의 카빙에서는 대파, 홍고추를 이용해 꽃을 형상화한 모양을 만드는 것과 주키니를 이용해 새를 형상화한 모양을 만드는 법을 시연하였다. 먼저 대파를 이용한 사례다.

• 대파를 이용한 카빙

대파를 이용하여 꽃받침을 만들 수 있다. 기초 단계에 해당하며 누구나 간단히 집에서 연습하고 응용할 수 있다.

대파는 흰 부분을 10~12cm 정도 사용한다. 대파를 카빙할 때는 대파를 손에 들고 있는 상태로 칼집을 내는 방법과 도마에 놓고 칼집을 내는 두 가지 방법이 있다. 직접 해 보고 편한 방식을 선택하면 된다.

뿌리를 잘라 낸 후,

1. 대파의 뿌리 방향을 손으로 3~4cm 잡는다.
2. 잡고 있는 부분을 제외하고 반으로 갈라 준다. 손으로 잡고 있는 뿌리 방향 아랫부분을 3~4cm 정도 남겨 주어야 이 부분을 꽃받침 부분으로 사용할 수 있다.
3. 반으로 자른 부분을 다시 반으로 자른다. 대파가 4등분으로 나뉘게 된다.
4. 나누어진 부분들에 같은 방식으로 칼집을 넣어 주면 계속해서 꽃잎이 늘어나게 된다. 보통 두꺼운 대파의 경우 16등분까지 할 수 있으나, 일반적인 대파의 경우 8등분만 해도 풍성한 꽃잎을 만들어 낼 수 있다.
5. 만들어진 꽃잎은 샤토 나이프의 칼등 부분으로 잡은 후 쭉 잡아당기며 둥그렇게 말리게 잡아당겨 준다. 둥그런 방향은 안쪽 및 바깥쪽으로 번갈아서 연습해 보면 이해하기 쉽다.
6. 이렇게 만들어진 꽃잎을 모두 둥그렇게 말리게 잡아당겨 준 후, 얼음물에 담가 놓으면 말아 놓은 부분이 더 둥그렇게 말리며 아름다운 모양의 꽃이 된다. 쪽파를 이용해 같은 방식으로 응용할 수도 있다.

사진 100 카빙 기초

• 홍고추를 이용한 카빙

먼저 길이가 긴 홍고추의 경우는 절반으로 나누어 카빙을 하게 되지만 작은 길이의 고추를 이용하여 카빙을 할 때는 반을 나누지 않고 그대로 사용해도 괜찮다. 다음은 길이가 긴 홍고추를 사용한 카빙 사례다.

1. 홍고추를 손에 들고 대략적으로 크기의 반으로 보이는 부분에 화살촉 모양(∧)의 칼집을 낸다. 화살촉 모양의 끝부분을 이으면서 연속해서 만들어 준다(맥도날드의 M자 모양을 만든다고 가정하면 됨). 촉의 첫 부분과 마지막 촉이 맞닿으면 홍고추가 반의 길이로 나누어진다. 홍고추 안쪽의 심지는 빼내지 않고 그대로 둔다.
2. 반으로 나누어진 홍고추의 한쪽 부분을 손에 들거나 도마 위에 두고 화살촉 사이의 들어간 부분에 칼을 두고 길게 끝부분을 향해서 조심히 자른다. 홍고추의 아랫부분 2cm는 남겨 두고 길게 잘라 준다. 연속해서 길게 잘라 준다.
3. 모든 꽃잎에 다 칼집을 내 주고 난 다음에는 안쪽 심지와 꽃잎이 붙어 있는 부분이 있다면 칼로 조심해서 분리해 준다. 이렇게 칼집을 다 낸 홍고추는 대파와 마찬가지로 얼음물에 30분 이상 담가 둔 후 사용하면 된다.

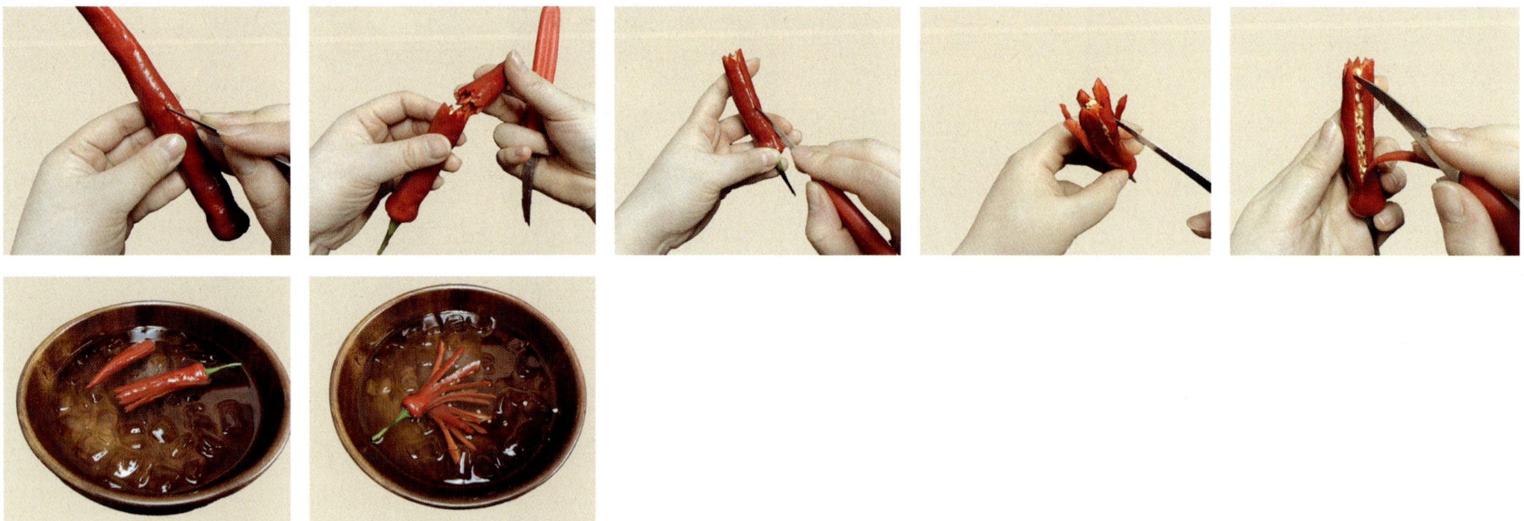

사진 101 카빙 기초

3. 중급 단계

• 주키니를 이용하여 새 만들기 카빙

카빙의 중간 단계라고 할 수 있는 새(Bird)를 만들어 보자. 새를 만들 수 있는 재료는 딱딱한 음식 재료이면 거의 가능하다고 볼 수 있다. 과일 종류를 사용해도 괜찮으며, 카빙이 익숙하지 않은 시점에서는 가급적 음식 재료가 큰 것을 사용하면서 익숙해지면 작은 재료로 실습하는 것을 권한다.

1. 주키니를 거의 비슷한 크기로 3등분한다. 3등분의 윗부분과 아랫부분을 나누어 윗부분은 머리와 날개 부분으로 사용하고, 아랫부분은 몸통으로 사용한다. 그리고 중간 부분은 꼬리 부분으로 사용한다.
2. 3등분을 한 주키니의 줄기 반대 부분을 바닥에 대고 카빙을 시작한다. 몸통 모양을 카빙하는데, 꼭지 부분을 V자 형태로 카빙을 해 준다. 둥그런 옆면에 날개를 만든다. 옆면에 < 모양으로 잘라 준다. 첫째 날개 부분이 되는데 너무 깊지 않게 만들어야 한다. 그리고, 첫째 날개보다 조금 넓게 < 모양을 카빙한다. 첫째 < 보다 두 번째 < 모양이 크게, 세 번째 < 모양은 두 번째 보다 크게, 네 번째 < 모양은 세 번째 < 모양보다 크게 카빙을 한다. 날개의 개수는 원하는 만큼 카빙해도 괜찮으니 실습해 보면 된다. 반대 원통에 대해서도 똑같이 < 모양을 카빙해 준다. < 모양을 뒤쪽으로 하나씩 밀어내면 날개가 완성된다.

   예 <<< 이렇게 모양이 형성된다.
3. 주키니의 줄기 부분을 사용해서 머리를 만드는데, 긴 모양으로 3등분을 하여서 가운데 있는 주키니로 머리 모양을 만든다. 목이 긴 모양의 새를 연상하면서 새 머리는 줄기 부분으로 만들어야 하니 위로 향하도록 위치시키고 머리에서 몸통으로 내려가는 뒷부분은 녹색을 유지하게 하고 목 앞쪽은 하얀색이 되도록 잡아 주고 ? 모양으로 잘라 준다. 머리의 부리 가까운 부분에 있는 눈 모양은 검은 통후추를 사용하여 깊게 눌러 준다.
4. 머리를 만들면서 남은 2면을 이용하거나, 시작할 때 남긴 1/3등분을 이용하여 긴 날개를 만들 수 있다. 직사각형 모양의 주키니를 긴 타원형 나뭇잎 모양으로 잘라 낸다. 첫 실습으로 나뭇잎을 카빙하는 것이 어려울 수 있으니 펜을 이용하여 나뭇잎을 주키니 면 위에 그려 넣는 것도 좋다. 그려진 도안대로 카빙을 < 자 모양으로 잘라 낸다. 몇 개의 나뭇잎을 만들어서 몸통의 옆면과 뒷면에 이쑤시개를 사용하여 고정시켜 준다. 나뭇잎을 카빙할 때 주키니의 하얀 속 부분을 많이 제거하고 얼음물에 약 30여 분을 담가 두면 구부러진 날개를 만들 수 있다.

사진 102 카빙 중급

4. 고급 단계

• 수박을 이용하여 그림 또는 글씨 새기기

고급 단계에서는 수박을 이용한 카빙 수업을 진행하였다. 과일 플레이팅의 경우 다양한 과일의 색 조화와 질감, 그리고 깎는 모양을 고려하여 많은 사람들이 먹을 수 있도록 플레이팅하는 과정을 배우게 된다. 흔히 케이터링을 통한 이벤트에서 제공되는 과일 카빙을 접하게 되고 어떻게 카빙을 하는 것일까라는 의문을 갖게 한다. 그림이나 글씨를 새기기 위해서는 음식 재료의 크기가 중요한데, 가급적 면적이 넓은 과일을 선택하면 카빙 작업을 하기에 용이하다. 숙련되면 작은 크기의 과일로 카빙 작업이 가능하다.

1. 수박을 통째로 사용할 수도 있고 반으로 나눠서 사용할 수도 있다. 여기에서는 수박을 반으로 나눠서 사용한다.
2. 수박의 겉면에 원하는 글씨나 그림을 도면지에 우선 그리고 그 도면지를 수박의 겉면에 대고 펜을 사용하여 본을 뜬다.
3. 수박의 가장 겉면은 녹색, 과육은 빨간색이다. 녹색과 빨간색 사이, 즉 겉면 바로 밑부분에 하얀색이 위치해 있다. 글씨나 그림은 선명성이 중요하기 때문에 하얀색 부분을 훼손하지 않고 카빙하는 것이 무엇보다도 중요하다.
4. 수박의 카빙할 면을 정한 후, 꽃잎을 그릴 조그만 원형을 제외하고 녹색 껍질을 벗겨 낸다. 하얀색이 너무 많아도 카빙 작업이 용이하지 않기 때문에 빨간 과육이 희미하게 보일 정도로 하얀색을 걷어 내야 한다.
5. 꽃 모양 만드는 작업을 시작한다. 우선, 수박의 정중앙에 원형 모양의 녹색 껍질 위에 바둑판 모양으로 카빙하여 준다.
6. 꽃잎을 몇 개로 정할 것인지 고민한 후 V, U자 조각도, 샤토, 또는 페어링 나이프를 사용하여 바둑판 방향으로 V 또는 U자로 카빙하여 준다. 바둑판 주변으로 꽃잎을 완성해 준다. 바둑판 가까이에 빨간 과육의 색이 희미하게 보이는 것이 선명감을 높여 준다.
7. 1차로 완성된 꽃잎 사이에 다시 V 또는 U자로 카빙하여 준다. 2차 꽃잎을 조각할 때는 1차 꽃잎과 2차 꽃잎 사이에 빨간 과육이 희미하게 보이는 것이 좋다.
8. 2차로 완성된 꽃잎 사이에 다시 V 또는 U자로 카빙하여 준다. 몇 단계의 꽃잎을 만들 것인지는 스타일리스트가 결정한다.
9. 껍질을 벗겨낸 모든 부분에 층별로 꽃잎을 만드는 과정을 반복해 주면, 가장 기초적이지만 고급 단계의 수박 카빙이 완성된다.

사진 103 수박 카빙

CHAPTER

12

실제 푸드 스타일링 연습 사례 살펴보기

CHAPTER 12

실제 푸드 스타일링 연습 사례 살펴보기

실제 푸드 스타일링을 실행하려면 어떠한 과정을 거쳐야 되는지 궁금할 것이다. 앞에서 설명하였던 용어들은 실제 푸드 스타일링이 완성된 형태에 대하여 설명하고 있을 뿐 실제 어떠한 과정을 거치는지 구체적으로 드러나지 않아 공감하기 어려운 부분도 있을 것이다.

여기에서는 실제 어떠한 주제를 선정하고 무엇을 준비해야 하는지, 어느 정도의 시간을 두고 진행하며 조리는 어떻게 해야 하는지 등에 대한 실제 사례를 가지고 설명하였다.

1단계

푸드 스타일링에 관심이 있는 친구나 동료 등 주위 사람들과 대화를 시작한다. 몇 명의 지인들을 모으고 회의를 진행한다.

회의는 단톡방을 이용한 온라인 미팅도 좋고, 오프라인을 선호하면 대면하여 개인이 생각하는 푸드 스타일링에 대한 의견을 공유한다.

사례 세계 각국의 요리를 스타일링하고 싶은데 너무 많은 국가이기도 하고 특정의 한 국가를 선정하는 것 보다는 포괄적으로 푸드 스타일링 할 수 있는 방안은 없는지에 대하여 의견을 논의함.

논의 과정에서 대륙별로 나눠서 스타일링을 기획하고, 점진적으로 특정 국가를 선별하여서 작업하는 것이 어떨까라는 의견이 제기되었고, 익숙하면서도 친숙함이 있는 아시아 음식을 스타일링하는 것에 동의함.

온/오프라인을 통해서 최소 2차례 참여할 것인지에 대하여 문의했으며 최종 참여하기로 결정함.

오프라인으로 만나는 날짜 정함: 2021년 *월 *일 **시 **에서

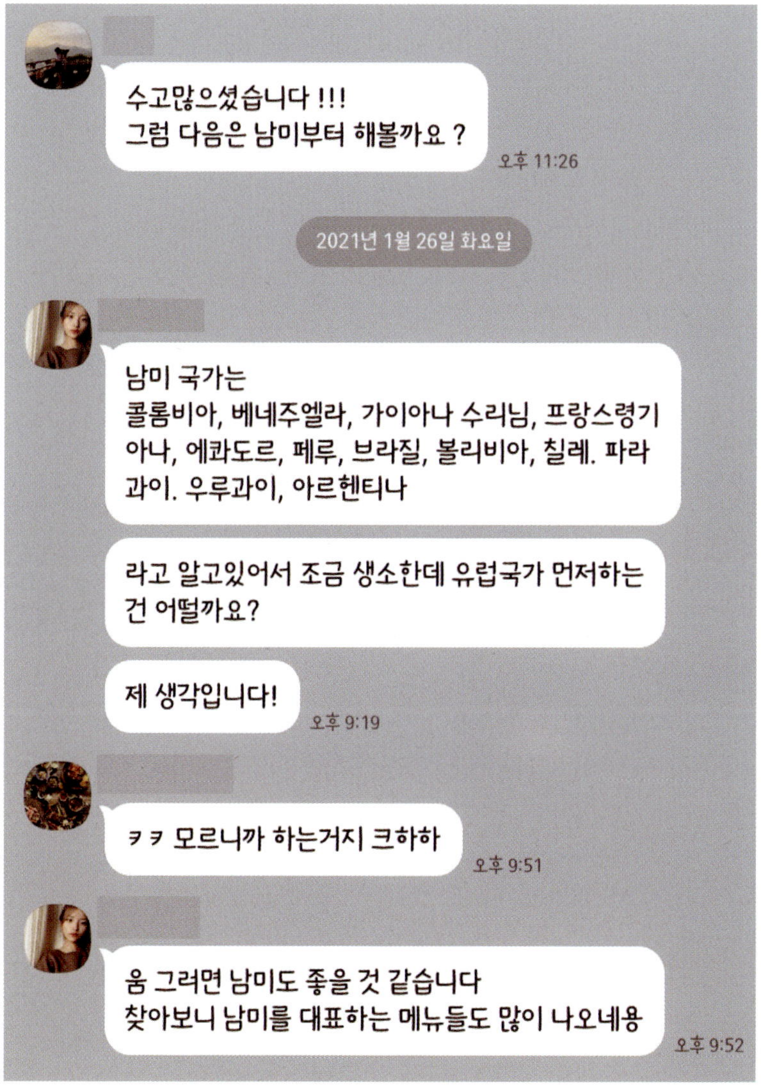

수고많으셨습니다 !!!
그럼 다음은 남미부터 해볼까요 ?
오후 11:26
2021년 1월 26일 화요일
남미 국가는
콜롬비아, 베네주엘라, 가이아나 수리님, 프랑스령기아나, 에콰도르, 페루, 브라질, 볼리비아, 칠레. 파라과이. 우루과이, 아르헨티나
라고 알고있어서 조금 생소한데 유럽국가 먼저하는 건 어떨까요?
제 생각입니다!
오후 9:19
ㅋㅋ 모르니까 하는거지 크하하
오후 9:51
움 그러면 남미도 좋을 것 같습니다
찾아보니 남미를 대표하는 메뉴들도 많이 나오네용
오후 9:52

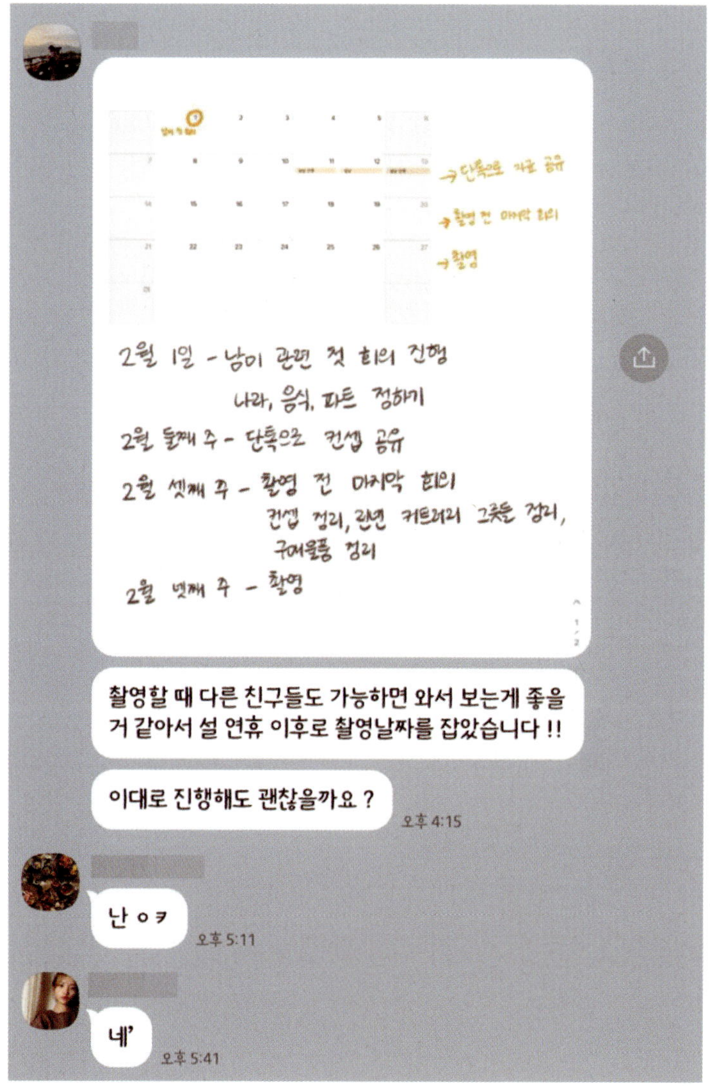

2월 1일 - 남미 관련 첫 회의 진행
나라, 음식, 파트 정하기
2월 둘째 주 - 단톡으로 컨셉 공유
2월 셋째 주 - 촬영 전 마지막 회의
컨셉 정리, 관련 커트러리 그릇들 정리,
구매물품 정리
2월 넷째 주 - 촬영
촬영할 때 다른 친구들도 가능하면 와서 보는게 좋을 거 같아서 설 연휴 이후로 촬영날짜를 잡았습니다 !!
이대로 진행해도 괜찮을까요 ?
오후 4:15
난 ㅇㅋ
오후 5:11
네'
오후 5:41

사진 104 연습 사례

2단계

논의하기로 한 (대륙 또는 특정) 음식 문화에 대하여 A 자신의 의견을 제시하고 A 의견에 대하여 다른 사람들이 보완하거나 수정했으면 하는 내용을 공유함. B, C, D 스타일리스트의 의견도 공유함.

사진 105 연습 사례

3단계

사진 106 최종 결과물

부록

부록

푸드 스타일링 의뢰 참조 서류들

푸드 스타일링 분야로 진로를 고려하는 사례들이 많아지고 있다. 푸드 스타일링은 기초단계에서부터 고급단계에 이르기까지 음식과 관련해서 다룰 수 있는 주제들이 많다.

예를 들어, 외식업으로 분식 가게를 운영하는 경우 메뉴를 문자로 인쇄하기도 하지만, 시각적인 효과를 더하고 싶은 경우에는 고객의 시각에서 메뉴가 먹고 싶은 충동을 불러일으킬 수 있기를 기대한다. 이런 경우 화려한 패브릭이나 접시 등을 활용하지 않더라도 충분히 매력적인 연출이 가능하다. 또는 푸드 스타일링 기획사에 소속되어 경험을 쌓은 후에 독립적인 활동을 할 수도 있다.

주변의 푸드 스타일리스트들의 배경은 매우 다양한데, 예술 분야 특히 미술 분야에서 이직하여 색감을 주 무기로 활동하는 분들도 있고, 조리 분야에서 경험을 쌓은 후에 요리의 품격으로 접근하는 경우도 있으며, 사진 분야에서 활동하다 자연스럽게 영상을 기획하면서 접하게 되는 사례도 많다.

위와 같은 사례들에서 독립적인 활동을 계획하고 있을 때, 가장 난감하고 어렵다고 고민하는 분들의 공통점이 작업을 의뢰받았을 때 어느 정도의 비용을 산정하는 것이 적절한지 궁금해 한다는 것이다. 이에 대한 정답은 명확하지 않은데, 스타일리스트가 어느 정도의 인원이 필요한지, 어느 정도의 시간이 필요한지, 소품은 무엇을 필요로 하는지 등등을 고려해야 하기 때문에 비용을 산정하는 것이 쉬운 작업은 아니다.

참고로, 현장에서 사용하고 있는 비용 정산서를 첨부하였다.

견 적 서

주식회사 안다미로
800-02-00874
홍길동
Tel. 070.0000.0000

2019. 02. 01.

	목록	비고	합계
1	" 따르릉 CF " 2019. 01. 27. 촬영 스타일링비	1 days (@4,000,000원/day)	4,000,000
2	재료비	식품구입 및 소품구입 / 대여 (상세내역 : 거래명세서 첨부)	5,368,510
3	운임	별도	-
TOTAL (부가세별도)			9,368,510

거 래 명 세 표

2019년 3월 27일 (수)		공급자	등 록 번 호	800-02-00874		
			상호(법인명)	㈜안다미로	성명	홍길동(인)
거래처명	귀하		사업장주소	서울특별시 종로구 홍지문2길 20,		
XYZ			업 태	서비스	종목	사진촬영 외
아래와 같이 계산합니다.			전 화 번 호	070-0000-0000		

합계금액 **₩5,368,510**

품 명	날짜	내 역	금액	적요
식품구입	1월 25일	타르트,마스카포네치즈,생크림,다크커버춰,다크밀크,화이트	58,100	삼성상회
		쇼팅,옥분,크림치즈,생이스트,휘핑크림,롤치즈	235,200	동아
		슈가파우더,휩토핑,코코아파우더,딸기다블잼,딸기,쇼트닝,디지털저울,바닐라빈,밀가루,아몬드분말,버터,믹스파우더,초코소스,초코시럽,녹차맛레진,딸기시럽,아이싱색소(브라운외8가지),말차가루,커피향,커피플레이버,바닐프로,베이킹파우더,소스통,익스트레이트,실리콘주걱,휘핑무가당,옥수수레진,딸지레진,젤라틴,초코미로와,쑥가루,복분자딸기분말,유미락,화이트초콜렛,밀크초콜렛,다크초콜렛,트리몰린,피스타치오커넬,단호박분	1,871,350	한길상사
		말차가루	30,800	수수께끼
		말차가루,버터	31,400	수수께끼
		마가린,슈가파우더	35,000	대풍공업사
		슈가파우더,색소,초코잼,초코시럽	37,500	씨베이킹
		슈가파우더,쇼트닝,마가린,버터,초코시럽,딸기시럽,녹차가루,딸기잼	290,000	슈가월드
		버터,휘핑크림,대용량색소,슈가파우더,코코아파우더,말차가루,무가염버터,쇼팅,딸기레진,바닐라빈,녹차레진,딸기분말,초코분말	1,088,900	베이킹
		딸기파인트	9,500	영풍상회
		더블치즈파인트	9,500	CU
		봉투,치즈케익,나뚜루초코파인트,녹차,바닐라	38,890	홈플러스
		치즈케익,백설설탕,딸기잼,크리넥스,깨나라,종이컵,장갑,젓가락,자연퐁,물엿,국그릇,크린팩,수세미,지퍼백	280,320	이마트
		커버처다크초콜렛,밀크초콜렛	18,400	신세계 고양점
		딸기	125,500	신라상회
		슈가파우더	192,500	정우종합
		드라이아이스	88,000	굿모닝아이스
부자재구입		코와니,옥시	20,000	동촌화예
		미장도구	16,000	가온전기
		낚시줄,탄성고무줄	31,650	한바탕문구

안녕하세요.
일전에 연락드렸던 광고모델에이전시
OOO의 OOO과장입니다.
지난 번 통화 시 말씀드렸던 회사 관련 내용은 홈페이지를 통해 확인 하실 수 있습니다. 관련 주소 첨부해놓겠습니다.

이번 강의 플랫폼을 보고 중국 강의 플랫폼에서도
대표님의 강의를 진행했으면 하는 제안을 전달해왔습니다.
중국 당국에서는 올해의 사업으로 강의 플랫폼에 대한 관심이 매우 큰 상태입니다.

혹시 한국 뿐만이 아닌 다른 나라에서도 관련 내용을 진행해보실
의향이 있으시다면 긍정적으로 검토해주시면 좋을 것 같습니다.

의향 전달해주시면 기획안 보내드리고,
빠른 시일 내에 비대면 혹은 대면 미팅을 통해서 자세한 내용 설명해드리겠습니다.
감사합니다.

참고문헌

1. 강병길, 한정원(2004). 잡지에서의 푸드스타일링 기능과 푸드스타일리스트의 역할. 한국화예디자인학 연구, 11, 25-43.
2. Leniger, H. A.(1968). *Levensmiddelencaleidoscopie*. Veenman. https://edepot.wur.nl/246355
3. Kurland, L. G., & Gilbert, E. (1985). *U.S. Patent No. 4,553,222*. Washington DC: U.S. Patent and Trademark Office.
4. BLACKWELL, Gretchen E. (1985). *Quality attributes of food prepared in quantity: an examination of its emphasis in the foodservice courses as perceived by students*. PhD Thesis. Oklahoma State University.
5. 박영숙(2002). 주 5일 근무제와 식생활의 뉴 트렌드. In: Proceedings of KHEA Conference, The Korean Home Economics Association, 50-56.
6. 정유경, 김선희(2004). Exploratory analysis on attributes of party planning and comparisons of customers' perception for party planning. *Journal of the Korean Society of Food Culture*, *19*(5), 532-543.
7. 김기영, 김경미(2003). 냉장면류 패키지의 색채 이미지에 관한 연구. 한국조리학회지, 9(3), 183-195.
8. 강은숙, 안세희(2017). Food Styling 푸드 스타일링 이론과 실제. 경기: 백산출판사.
9. 황혜주, 김태훈, 양준혁(2009). 안료와 볏짚의 첨가량에 따른 흙미장의 색상과 표면질감에 관한 연구. 한국생태환경건축학회 논문집, 9(1), 77-83.
10. 김영인, 한소원, 김희연, 홍윤정(2011). 시니어 세대의 색채지각과 선호 유사배색의 특성. 한국색채학회논문집, 25(3), 67-76.
11. 이은주, 김정원(2012). 녹색식생활 교육을 통한 아동의 인성교육. 한국실과교육학회지, 25(3), 139-167.
12. 이영란, 주범(2016). 색채 환경을 고려한 서울시 아파트 외관 색채 계획에 관한 연구. 한국실내디자인학회 논문집, 25(2), 143-150.
13. 권혜숙(2008). 최신 여성 패션에 나타난 세퍼레이션 색채 코디네이션의 특성 - 2004 SS 부터 2008/9 AW까지 파리, 밀란, 뉴욕, 런던 컬렉션에 나타난 디자인의 색채 배합, 색상조화, 분리색을 중심으로. 패션 비즈니스, 12(5), 94-110.
14. 최수경(2014). 줄무늬 셔츠의 시각적 감성에 대한 소비자 평가: 세퍼레이션 배색을 중심으로. 한국의상디자인학회지, 16(2), 71-80.
15. 노태진, 백진경 (2010). 한식 · 중식 · 일식 사이트의 색채비교연구. 한국색채학회 학술대회, 61-64.
16. 이소영, 손선미, 김선희(2019). 저비용 항공사 사전주문 기내식 비교 연구: 푸드 디자인의 시각적 요소를 중심으로. 호텔관광연구, 21(1), 233-247.
17. 김수인, 박연진(2012). 담양 떡갈비 담음새 실태조사 및 개선 방안. 동아시아식생활학회지, 22(3), 323-333.
18. Cho, S., Han, A., Taylor, M. H., Huck, A. C., Mishler, A. M., Mattal, K. L., Seo, H. S. (2015). Blue lighting decreases the amount of food consumed in men, but not in women. *Appetite*, *85*, 111-117.
19. 김인화, 한경수(2007). 업종별 메뉴의 색채 분석에 관한 연구. *Archives of Design Research*, *20*(4), 353-364.
20. 유경아, 김영국(2009). 레스토랑 식공간 연출에서의 식기와 고명의 색채 조화. *Culinary Science & Hospitality Research*, *15*(3), 29-41.
21. 서현주, 함성필(2015). 호텔레스토랑의 식 · 공간 연출에 대한 고객감정이 고객만족 및 재방문의사에 미치는 영향. 관광레저연구, 27(2), 427-445.
22. 이경은(2013). 한류식문화로서 전통오방색을 이용한 푸드스타일링 사례연구: 미디어잡지를 중심으로. 한국콘텐츠학회지, 11(3), 39-47.
23. 남유신(2015). 호텔 연회 웨딩홀의 식공간연출, 푸드스타일링, 테이블 코디네이션이 고객만족과 행동의도에 미치는 영향: 대전지역 특급호텔을 중심으로. 관광연구저널, 29(2), 185-198.
24. 윤우중(2014). 푸드 스타일링과 디자인 표현요소의 연관성에 관한 연구. 디자인지식저널, 32, 283-293.
25. 박은희(2008). 푸드스타일리스트의 역할과 기능에 관한 연구: 푸드스타일링과 영상이미지를 중심으로. 숙명여자대학교 디자인대학원 석사학위논문.
26. 박성연, 유택상(2012). 학술논문: 화예디자인의 관점에서 바라본 푸드스타일링의 시각적 특성 도출. 한국화예디자인학연구, 26, 3-34.

저자약력

장지연

상명대학교 일반대학원 외식영양학과 박사

Mare J. 푸드스타일링 스튜디오 대표

Korea Challenge Cup Int'l Culinary Competition 2019, Director

Korean Foodstyling Festival Project Director. Holyoke, MA. USA. 2019.

이수진

상명대학교 일반대학원 외식영양학과 석사

푸드코디네이터

태국 카빙아카데미 수료

Korea Challenge Cup Int'l Culinary Competition 2019, Gold

현. 안다미로 협동조합 GM

이승우

상명대학교 식품영양학과 교수

안다미로 협동조합 대표이사

Virginia Tech, 박사

The University of Alabama, 학사, 석사.

전) ARAMARK. Campus Dining Services, Asst. Director, USA.

푸드 스타일링

초판 1쇄 인쇄 2021년 8월 20일
초판 1쇄 발행 2021년 8월 27일

지 은 이 | 장지연, 이수진, 이승우
펴 낸 이 | 김기섭
편 집 인 | 이현남, 조진주
펴 낸 곳 | 창지사 www.changjisa.com
08589 서울시 금천구 가산디지털 1로 83 파트너스타워 1차 9층
전화 (02)719-2211~3
팩스 (02)701-9386
등 록 | 1977년 4월 28일 · 제1-421호

ISBN 978-89-426-1465-3 (13590)

값 18,000원